Mujeres

De

La

Biblia

lo bueno,

lo malo,

& lo feo...

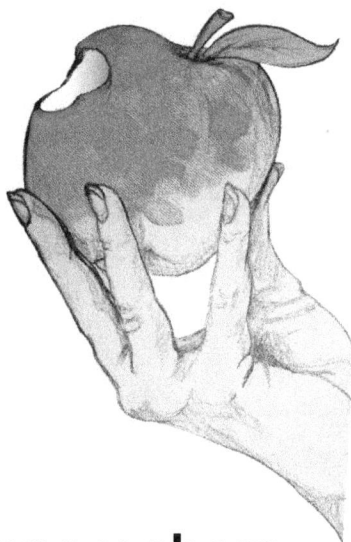

en aquel tiempo y ahora

Escrito por Dr. Sharon A. Cannon

Mujeres de la Biblia: lo bueno, lo malo y lo feo

…en aquel tiempo y ahora.

Escrito por

Dr. Sharon A. Cannon

Traducido por

Patricia Amorocho Gualdrón

Editado por

Jorge Ramirez

4-P Publishing

Chattanooga, TN

Mujeres de la Biblia: lo bueno, lo malo y lo feo.

… en aquel tiempo y ahora.

Primera Edición en español: mayo de 2018

Impreso en los Estados Unidos de América

ISBN 978-1-941749-12-8

4-P Publishing

Chattanooga, TN

DEDICATORIA

A mis padres quienes me dieron la vida; a mis hijos por los dolores de cabeza, angustias y felicidad; a mis nietos por la paciencia y comprensión de *estar solos en casa*. A mis hermanos, a mis tías y tíos y demás miembros de la familia quienes siempre supieron que yo era una persona especial. A mis queridos abuelos, ya fallecidos, quienes plantaron las semillas y me instruyeron para crecer. A las familias de la Iglesia que me enseñaron el método, la estructura, me ayudaron a descubrir mi propósito y me presentaron la oportunidad para servir; a mis hermanos en la palabra quienes se ofrecieron a ayudarme; a mis hermanas espirituales que me animaron cuando más lo necesitaba; a mis correctores quienes me inspiraron a "avanzar"; a mi ilustrador "SEVEN" quien hizo las imágenes de este libro "artísticas". A mis Beta Readers por completar la revisión de este libro y a todos los demás quienes fueron buenos, malos y feos conmigo, ustedes verdaderamente fueron la fuente de mi resistencia.

Prefacio

Una mujer no debería avergonzarse de quien es, o de lo que ha hecho, ya sea bueno, malo o feo. Este libro fue escrito como trabajo de tesis de investigación para mi Doctorado de Educación Religiosa. Al comienzo, el título fue "Mujeres de la Biblia Lo Bueno, Lo Malo, Lo Feo Ayer y Hoy". Cuando llegó el tiempo de la defensa de mi tesis doctoral ante el comité de candidatos, no eran mujeres quienes lo habían leído o estado en el comité. El comité recomendó que se otorgara el título. El siguiente paso fue la publicación, entonces lo que se puede esperar en este libro:

a) Cambio de título.

b) Cuestionario y datos de la investigación.

c) Lecturas acerca de lo bueno, lo malo y lo feo de algunas mujeres.

d) Una oportunidad para aumentar su estudio bíblico/Devocional.

Contenido

Introducción

El rol de la mujer en la iglesia ha llegado a ser tan visual y profundo para los individuos que están observando desde afuera. A medida que la Iglesia avanza en el siglo XXI, trae consigo un efecto cíclico de lo que sucedió hace 2,000 años. El Señor no ha cambiado; Él aún trabaja en maneras misteriosas y su trabajo no puede ser desafiado o igualado. Es verdad lo que dicen las Escrituras, donde la cosecha es abundante y los obreros son pocos, un giro profético está cerca de suceder dentro de las iglesias con las mujeres, sus roles y sus responsabilidades. En tiempos pasados, muchos de los roles de liderazgo fueron ejercidos por hombres. Sin embargo, hubo y siempre ha habido mujeres en el pasado quienes realmente contribuyeron al éxito y en algunos casos al fracaso de los hombres en posiciones de liderazgo. El mundo está cerca de experimentar un cambio de la mujer en el poder. Pero estos títulos y posiciones desde un sentido bíblico siempre han existido para las mujeres. A través de los perfiles de las mujeres bíblicas, yo quiero mostrar lo bueno, lo malo y lo feo. Conocer a Jesús en una manera personal fue tan especial en ese tiempo como también lo es ahora.

Compartiendo la relación con Jesús en lo que se refiere a la familia y las numerosas amigas con quien él se relacionó, algunas de ellas podrían ser denominadas como enemigas, todas ellas tienen muchas cualidades similares desde las profesionales en los negocios y definitivamente, sirviendo en la iglesia como misioneras, diaconisas o en otros ministerios. Llega el tiempo cuando el Espíritu Santo hace su voluntad personalmente contigo como mujer y cuando Dios habla, nosotras debemos escuchar. Para ser consciente de lo que está sucediendo a tu alrededor, debes estar preparada con el escudo y la armadura. Ninguna de las cosas mencionadas anteriormente, pueden prepararte para las artimañas del mundo sin el devocional diario. Esta tesis convertida en libro es una oportunidad para compartir mi fe, mis creencias y mis esperanzas. Esto me ayuda a validar quién soy Yo como mujer en el mundo, pero lo más importante "De quien soy".

CAPÍTULO 1

Perfiles de las Mujeres Bíblicas

Las mujeres siempre han estado interesadas en otras mujeres. Ellas han admirado la manera como lucen, como se conducen y como actúan. Por lo tanto, es apropiado que nosotras, como mujeres cristianas, nos inspiremos en los perfiles de las mujeres bíblicas. Existe lo bueno, lo malo y lo feo en todas las mujeres, y yo quiero ser la primera en decir que estos rasgos pueden ser encontrados también en mí.

Lo bueno

Una de las primeras mujeres en el Antiguo Testamento que se destaca como una "buena" mujer de la Biblia es **Rut**. Rut, una Moabita que debe haber sido una joven muy hermosa y una dama inusualmente amigable, como su nombre significa "compañera fiel".

Esas buenas cualidades de Rut fueron manifiestas a

través de su devoción hacia su suegra Noemí, al no abandonarla, sino al seguirla de regreso a su país. El profundo mensaje de Rut, que la destaca, es su relación con Noemí. Para comprender más a fondo esta relación, veamos la historia entre estas dos mujeres, desde el matrimonio de Rut con el hijo de Noemí. A pesar de que el hijo de Noemí muere, esta mujer llamada Rut le dice a la suegra: "Tu pueblo será mi pueblo, y tu Dios mi Dios" (Rut 1:16). Rut fue una mujer extraordinaria porque mostró lealtad y amor hacia su suegra, a lo cual algunas mujeres de hoy no tienen ningún compromiso. La simple esencia de un pariente político, de cualquier tipo, hace que muchas mujeres no se sientan a gusto y se resientan de la familia de sus cónyuges. Sin embargo, Rut fue recompensada con la presentación de Booz y la historia de amor continúa.

Ruth mostró mejores cualidades al ocuparse de sus propios asuntos mientras recogía espigas en el campo. Ella llamó la atención de Booz y el de inmediato se dio cuenta de que ella era una pariente, después de hablar con el capataz de sus campos. Booz, por supuesto, mostró favoritismo especial hacia ella, pero la oportunidad más humilde para Rut se presentó cuando "Booz explicó que él había escuchado de la extraordinaria fidelidad de Rut hacia Noemí y los grandes sacrificios que había hecho para venir a un país extranjero". El Señor realmente tiene una manera de recompensarte cuando haces su voluntad y Rut fue realmente recompensada, de hecho, ella recibió la bendición de Booz, pero ella siendo una dama reconocida por sus buenos modales, le hizo saber a Booz, que ella no era como sus otras sirvientas. Aquí es cuando el cortejo comienza porque Rut es invitada a cenar con los trabajadores de Booz y él se asegura de que ella tenga abundante comida. Por supuesto, las chicas buenas también se sienten tentadas, pero la clave es como tú resistas la tentación.

Algunas veces, la gente puede inmiscuirse en sus asuntos, como Noemí lo hizo con Rut al animarla a jugar el juego de lograr que Booz se casara con ella. El incidente de Rut siguiendo las instrucciones de Noemí y despertar a los pies de Booz no fue inmoral, no pasó nada, pero Booz siendo el hombre que era, la envió a casa.

La historia de Rut y sus buenas cualidades como mujer temerosa de Dios produjeron descendientes de los que Noemí obtuvo crédito porque su nuera realmente mostró lealtad y amor.

El nombre de **Ana** significa "llena de gracia". En el Antiguo Testamento escuchamos de muchas mujeres que anhelaban tener hijos. La sola esencia de convertirse en madre sorprendió a Ana como a muchas otras mujeres. Ellas sabían que sus matrimonios estaban en peligro porque sus maridos se desviaban y engendraban hijos con otras mujeres. Pero una mujer de oración como Ana fue recompensada de manera extraordinaria y maravillosa con el hijo que ella tanto deseaba. La oración de Ana por este precioso niño incluía la promesa de que ella lo devolvería a Dios. Esta oración de Ana fue llamada oración dedicatoria, cuando ella le ofreció su hijo a Dios, en realidad fue una oración profética al Mesías de Israel. Cuando miramos el voto que Ana realizó a través de la oración, encontramos que fue en dos partes. Una fue la promesa de entregarle el niño al Señor, donde los eventos posteriores indicaron que con esta promesa ella tenía la intención de dedicarlo al servicio completo en el tabernáculo.

Su visita al tabernáculo para dejar a su hijo tuvo que ser difícil, pero la transición de saber que ella había instruido rectamente a Samuel y mantener el voto que ella hizo al Señor fue lo más importante. Ninguna persona en Israel sobrepasó a Ana en inteligencia, belleza y fervor de devoción a Dios. La oración de Ana no fue un acto de negociación, sino un acto de rendición. Al entregar el control de su precioso hijo a Dios (a quien ya pertenecía), Ana encontró la paz interior. Ana, como muchas mujeres de la Biblia, siempre viajaba cada año al tabernáculo en Silo para adorar y ofrecer sacrificio. Una descripción de Ana dice que ella no fue solo una madre y esposa piadosa por excelencia, sino que, en una generación espiritualmente fría, ella fue un modelo de paciencia, oración, fe, mansedumbre, sumisión, devoción espiritual y amor maternal. Una mujer de hoy tendría que demostrar todos esos atributos para aguantar a Penina, la otra esposa de Elcana. Las burlas y los tratos crueles que otros le daban a las mujeres en esos días fueron terribles. Pero cuando tienes al Señor de tu parte como en el caso de Ana, no había necesidad de preocuparse porque el Señor suplía todas sus necesidades.

Muchas historias se han contado de alguna persona famosa que se elevó de la pobreza a la riqueza; esta parece la historia de **Ester**. Por supuesto, la historia te dice cómo ella se convirtió en una de las mujeres más poderosas de la Biblia debido a su fe. La dulce personalidad y espíritu de Ester coincidían con su atractivo físico. Así que no había duda, que cuando se presentó la oportunidad para que el rey eligiera una reina, Ester estaba preparada para el puesto. Lo fascinante es cómo esta joven respetó a su tío Mardoqueo y continuamente aceptó su guía. Cuando le llegó la oportunidad de dar un paso de fe, Ester decidió hacer lo que Mardoqueo le pidió; ella se acercó a su esposo. Su declaración, "Si perezco, que perezca", no es un abandono fatalista, sino una confianza consciente de sí misma en las manos de Dios. Es sorprendente cómo las costumbres pueden evitar que el amor crezca. La ley prohibía que un judío contrajera matrimonio con un gentil, pero es evidente que Mardoqueo y Ester vieron esta unión como una bendición para su pueblo, lo cual resultó ser cierto, aun así esto no anula la Palabra de Dios. Cuando el rey vio a Ester, ella obtuvo gracia y favor en su presencia y, amándole, sobre todas las mujeres, le puso la corona real sobre su cabeza y la hizo su reina. Entonces, cuando Ester se identificó como una judía, suplicando al rey por su propia vida y por la vida de su pueblo, a través de este relato vemos a Ester ganando el favor de los que tienen autoridad. Su espíritu callado y sumiso, las acciones de obediencia, y sus sabias decisiones contribuyeron para que ella sobresaliera entre su sociedad, al igual que haría que cada una de nosotras se destaque hoy.

Hay más mujeres buenas en la Biblia, quienes están identificadas en el Nuevo Testamento. Una dama extraordinaria, llamada **Eunice**, cuyo nombre significa "victoriosa" describe su persona de manera acertada. Eunice fue conocida por su hijo Timoteo, quien fue un compañero cercano del misionero Pablo. Eunice como muchas madres, le enseñó a su hijo las Escrituras desde la niñez. Ella vio a su hijo salvo desde que él era un joven. Tener unos padres piadosos es una bendición y Eunice, como madre, manifestó un compromiso verdadero hacia las Escrituras y la oración, no solamente por ella misma sino también para su hijo. Todo esto es necesario porque tu debes aceptar lo que tus hijos hacen. Pero es mucho más común que los padres experimenten dolores de cabeza a medida que los niños y las niñas nos decepcionan. Sí, nuestros hijos saben cómo presionar nuestros botones, pero cuando los padres están bien fundamentados y arraigados en la palabra, son victoriosos. La influencia de la piadosa Eunice debería ser una inspiración para que cualquier mujer sea una madre piadosa. Las madres necesitan ser más como Eunice y tener cuidado de caminar delante de sus hijos en piedad y con fe genuina. Eunice tenía todas las características de una buena mujer de los tiempos bíblicos y sus características deberían ser adoptadas por las mujeres en el mundo de hoy.

Anteriormente mencioné que algunas de las buenas mujeres fueron Rut, Ana, Ester y Eunice. Hubo otras que fueron buenas como **Raquel**. Raquel era la hermana de Lea la "pícara" que se abrió paso entre los brazos de Jacob, así ella lo pensó. Un pequeño trasfondo de la historia cuenta cómo Jacob estaba en un pozo en Harán y vio a Raquel que venía a darle de beber agua a sus animales. Jacob preguntó a algunos de los hombres quién era ella y le dijeron: su nombre es "Raquel" y es la hija de Labán. Jacob sabía que ese era el apellido de la familia de su madre, por lo cual, Raquel era su prima. Él se acercó a ella dándole la noticia y esto es lo que se llama "Amor" a primera vista. Raquel llevó a Jacob para encontrarse con Labán y él le dijo a Labán que se había enamorado de su hija y le había pedido que se casara con ella, y por su pregunta, Jacob sabía que tendría que trabajar siete años por ella. Las Escrituras dicen: "Y Labán respondió: Mejor es que te la dé a ti, y no que la dé a otro hombre; quédate conmigo" (Génesis 29:19).

Pues el tiempo pasó rápido y antes de que Jacob lo supiera, le estaba pidiendo a Labán que le entregara a Raquel para casarse. Aquí es cuando el plan está conspirado para con Lea. Habrá una hermana intercambiada en la noche de bodas.

La mañana siguiente al matrimonio, cuando Jacob descubre lo que sucedió, todo es confusión. Jacob confronta a Labán acerca de Raquel y Labán le da excusas acerca de cómo no es apropiado dar la hija menor en matrimonio antes de la mayor. Jacob no quería escuchar eso. Él quería saber qué tenía que hacer para conseguir a Raquel y por supuesto, Labán le dijo que trabajara otros siete años. Todo este tiempo Raquel ha estado sentada mirando lo que estaba sucediendo. Ahora una *verdadera hermana* hubiera estado en el medio causando un verdadero caos, diciendo: "Este es el hombre que amo y tú crees que puedes salirte con la tuya ¡debes estar loca!". Sin embargo, Raquel era una verdadera dama, se mantuvo en paz, y esto la coloca en la categoría de "buena". Aunque Raquel era una joven hermosa, amable y cortés, su personalidad era más o menos mixta. En la historia de su vida, leemos acerca de sus pecados de falsedad hacia su padre, su envidia y celos hacia su hermana y de su robo de ídolos para la adoración, nada de esto es apropiado en una hija de Dios.

La mujer de hoy, relativa a ser "buena" podría ser esa mujer que trabaja en la Iglesia cuando las puertas se abren y se cierran, que sirven en comités y son todo para todos. Pero ella también tiene una historia para contar, cómo ella no tuvo comida y un día una caja con comida apareció en la puerta para alimentar a su familia y ahora se ofrece como voluntaria para distribuir comida mensualmente para otras personas. Nosotros vemos sus "buenas obras", pero no conocemos su espíritu. Ella podría ser la líder espiritual en la iglesia "haciendo las cosas correctas" y está en la comunidad trabajando para atraer a otros a la iglesia. Esa buena mujer podría ser una mujer común sin un título o posición, pero tiene una relación personal con Cristo que solo ella y Dios saben. Raquel es un claro ejemplo de por qué es llamada "buena". Realmente no deberíamos categorizar a las mujeres de hoy como *buenas*, porque las Escrituras dicen: "por cuanto todos pecaron, y están destituidos de la gloria de Dios" (Romanos 3:23).

Lo malo

Chicas malas, chicas malas, ¿qué van a hacer ahora? La Biblia está llena de chicas malas y además hay algunas chicas realmente malas. La primera chica mala es **Eva**. Es cierto que Dios tomó a esta mujer, esta encantadora y hermosa criatura, hecha especialmente para Adán y se la dio a él.

Entonces, ¿qué pudo estar tan mal con el primer matrimonio? Todas las reglas fueron dadas, sobre qué tocar o comer y que no. Eva escuchó a la serpiente y cedió a la tentación de comer la fruta prohibida del árbol del conocimiento. Como consecuencia, Dios estableció una maldición sobre ella de tener una dolorosa maternidad y ser sumisa a su marido y, en consecuencia, todas las mujeres desde entonces han sido sometidas a esta maldición.

¿Es realmente justo decir que la dulce e inocente Eva fue una chica mala por lo que hizo? Eva pudo distinguir lo correcto de lo incorrecto porque le dijo a la serpiente: "Dios ha dicho: del fruto del árbol que está en medio del huerto, No comeréis de él, ni le tocaréis, para que no muráis" (Génesis 3:3). Nosotros tenemos que aprender que no podemos entrar en un debate con Satanás. Nosotros no podemos evitar que el adversario susurre en nuestros oídos, pero podemos negarnos a escuchar, y definitivamente podemos negarnos a responder. ¡No a las discusiones y a los debates! Como Eva, saldremos perdiendo. Vamos a levantarnos y a resistir. "Solo di no". Si Satanás no se rinde, nosotros podemos salir corriendo hacia la seguridad en los brazos del Señor. Esta fue la primera chica mala en la Biblia debido a su desobediencia. Sus castigos no sólo incluyeron tener dolores en el parto, sino que también fue desterrada del jardín.

La esposa de Potifar no tiene un nombre que se

mencione en las Escrituras. Ella fue simplemente identificada como la esposa de Potifar, quien deseaba con pasión al inocente José. Muchas mujeres tienen aventuras y con esto vienen las intrigas, los secretos y las mentiras. La esposa de Potifar jugó un papel pequeño pero notorio en la vida de José. Ella trató de seducirlo y cuando él rechazó sus insinuaciones, ella lo acusó de intentar violarla, y José fue encarcelado. ¿No es así como algunas mujeres, cuando no se salen con la suya, como la esposa de Potifar llora como si la estuvieran violando? La esposa de Potifar tenía una forma de intimidar a los hombres, por quien su marido representaba. Yo estoy segura de que, en el pasado, los sirvientes se sintieron intimidados por ella y ellos pudieron haber quedado atrapados en sus travesuras. Fue muy desafortunado para José estar cerca a una mujer tan vil. Es obvio que la esposa de Potifar fue una chica mala porque ella era muy coqueta. La mujer no estaba sometida. Como esposa de un hombre poderoso, ella estaba claramente acostumbrada a obtener exactamente lo que quería. Y lo que ella quería era a José, el apuesto esclavo de su esposo. Como un extranjero, José era la fruta prohibida, y la esposa de Potifar lo sabía. Sin duda, esto fue parte de la atracción. Ellos eran completamente opuestos. Ella era mayor, y él era más joven. Ella estaba casada; él era soltero. Ella era egipcia; él era hebreo. Ella no tenía moral; él tenía fuertes valores morales. Ella adoraba la carne; él adoró en espíritu. La esposa de Potifar no solo era una chica mala, sino también desagradable. Decir mentiras e inventar historias para cubrir su rastro, son cosas que una chica mala hará y eso la hace desagradable. La esposa de Potifar fue una verdadera adúltera.

Dulce, dulce **Dalila** o debería yo decir agridulce. Dalila es un nombre que significa "mujer coqueta". Sí, ella puede haber sido descrita con esos adjetivos, pero actuó con otras palabras descriptivas, como "intrigar" y "desconfiar". La historia de Dalila nos muestra su papel como una chica mala; se puede resumir a Dalila persiguiendo a Sansón para saber el secreto de su fuerza. Dalila nos recuerda que la debilidad carnal puede hacer caer incluso a la persona más poderosa. La relación entre Sansón y Dalila es tan carismática que me recuerda a una canción secular "Cuando un hombre ama a una mujer". En esta canción parece que el hombre no puede ver nada de lo que esta mujer haya hecho parezca malo. Al igual que en la canción, en sus intentos de engañar a Sansón, Dalila fue burlada tres veces. Ahora, cualquiera con cierto sentido común podría ver que algo no estaba bien con las cosas que ella estaba haciendo. En el pasado, hemos escuchado a la gente decir: "El diablo me obligó a hacerlo". Esta parte de la historia revela un hecho importante: Traicionar a Sansón no fue idea de Dalila. Sí, ella lo creyó literalmente. Pero la sabiduría popular dice: "Sigue el dinero". En este caso, el dinero llegó directamente de vuelta a los jefes de estado Filisteo.

Ellos fueron quienes plantaron las semillas de la traición en su corazón; los juegos que la gente juega ayudaron a Dalila con el título de chica mala. Sansón conocía bien a Dalila y él jugó tres veces el mismo juego. Después de la tercera vez, Dalila continuó siendo persistente con sus travesuras. Según la historia, está claro que ella no profesó amor por él, sino que, como una cruel picana, utilizó su amor por ella. Entonces ella le dijo: "¿Cómo puedes tu decir yo te amo, cuando tu corazón no está conmigo?" (Jueces 16:15). Bueno, pues el tonto y necio Sansón cedió. Su fuerza física todavía estaba intacta, pero su fuerza emocional se había marchitado y esfumado, gracias a las interminables quejas de Dalila. Una mujer mala en todos los sentidos, ella era un tipo especial del mundo y el mundo es definitivamente un enemigo del hijo de Dios. Dalila demostró ser un enemigo para el propósito divino en la vida de Sansón.

Jezabel, un nombre que no tiene significado, ha llegado a ser sinónimo de traición y maldad, es a menudo usado para etiquetar a una mujer desvergonzadamente engañosa. El nombre de Jezabel es usado con frecuencia como un vocablo y esta mujer se ganó su reputación. Las mujeres de hoy en día llamarían al marido de Jezabel "hombre débil" porque ella dominó y controló su familia. No es fácil ser una mujer de la familia real en la época de los reyes, con todo, mujeres fuertes como Jezabel tuvieron éxito por la fuerza de su personalidad para ganar un poder, el cual las habilitó para tratar a los hombres como ellos tratan a las mujeres, como objetos para ser usados por el gobernante de turno sin ninguna consideración y sin ningún cuidado.

Jezabel ha sido nombrada como la chica más mala del ramillete de mujeres; la única que los eruditos llaman "la mujer más perversa en todo el mundo". Así que es interesante ver a Jezabel en pareja con Acab, quien era igualmente malvado. Cuando se trataba de religión, Jezabel, la princesa Fenicia, nació siendo adinerada y en el poder. Su matrimonio con Acab fue estrictamente una alianza política entre dos naciones.

Ella creció rindiendo culto a Baal y estaba decidida a expulsar a Jehová Dios fuera de Israel y a introducir a Baal y Asera, una Diosa de la fertilidad y del amor- Eros, no ágape, desafortunadamente. Jezabel estaba decidida a ser una adversaria de Dios, ella se empeñó en aniquilar a los profetas de Dios y deshacerse de los adoradores del Señor en Israel. Jezabel buscó maneras de promover sus creencias religiosas, por lo que simplemente eliminó algunos de los profetas del Señor. En 1 Reyes 18:4, Jezabel inició una campaña para exterminar a los profetas de Dios y amenazó con quitarle la vida a Elías. Jezabel amenazó a Elías y él corrió por su vida. Al final, cuando Dios restauró el coraje de Elías, él fue quien anunció: "acerca de Jezabel, también ha hablado Jehová, diciendo: 'Los perros comerán a Jezabel en el muro de Jezreel'" (1 Reyes 21:23). Así como el destino lo tendría, Jezabel confió en su sexualidad hasta el final. Cuando Jehú entró en Jezreel, Jezabel se enteró, y trató de usar la adulación para tratar de salvar su vida. Ella se maquilló la cara, se adornó la cabeza y miraba a través de la ventana de su casa. Jehú no aceptó ninguno de sus halagos y ordenó a dos o tres eunucos escoltarla hasta a la ventana y arrojada. Ellos la lanzaron por la ventana y cuando cayó parte de su sangre fue salpicada en la pared y en unos los caballos.

Los caballos la pisotean bajo sus patas. La maldición

que se le impuso se cumplió cuando los perros, los perros callejeros de la ciudad, se comieron todo su cuerpo, excepto su cráneo, sus pies y las palmas de sus manos. Su cabeza por la maldad, las palmas de sus manos y sus pies que trabajaban la iniquidad, eran demasiado malvadas incluso para que los perros lo comieran. Ahora eso es lo que se llama una chica mala hasta los huesos.

En la investigación di ejemplos de chicas malas como Eva, la esposa de Potifar, Dalila y Jezabel. Pero había algunas chicas *realmente malas* como Betsabé, Jael, Rebeca y Gomer. Cuando clasificas a una mujer como mala, generalmente se debe a algo que ella ha hecho que la coloca en esta categoría. **Betsabé**, "señorita bañera", hermosa Betsabé. Quien pasa el tiempo en los techos exponiendo su traje de nacimiento para tentar a la gente, ella es nuestra próxima chica mala. David acaba de ser nombrado rey y un día mirando desde su balcón, ve a Betsabé desnuda mientras ella se está bañando. David preguntó a sus sirvientes ¿quién es esa hermosa mujer? Los sirvientes le dicen que el nombre de ella es Betsabé y que es la esposa de Urías, uno de sus soldados. En este momento la historia se vuelve interesante. David tenía muchas esposas, pero vio algo que quería, la esposa de Urías. Así que David tuvo su tiempo especial con

Betsabé, con el consentimiento voluntario de parte ella. Cuando ella se había ocupado de las necesidades de David, regresó a su casa.

Cuando a ella no le llegó la menstruación, le envió un mensaje a David diciéndole que estaba embarazada, ¿cómo podría el bebé ser de su esposo, si él no había vuelto a casa en mucho tiempo? David envió un mensaje a la zona de guerra diciéndoles que envíen a Urías a casa. El rey David dio órdenes directas a Urías para pasar tiempo con su esposa. Cuando Urías llegó a casa, él estaba tan preocupado por sus hombres que no pasó tiempo con su esposa, como el Rey David le había pedido que hiciera, y entonces regresó a la zona de guerra. Aquí es cuando el Rey David le da un "golpe" a Urías al ponerlo en primera línea de combate y Urías es asesinado. Las Escrituras dicen: "Oyendo la mujer de Urías que su marido Urías era muerto, hizo duelo por su marido. Y pasando el luto, envió David y la trajo a su casa; y fue ella su mujer, y le dio a luz un hijo. Mas esto que David había hecho, fue desagradable ante los ojos de Jehová" (2 Samuel 11:26-27). Mucho más viene en esta historia, sobre el adulterio, el engaño y la intriga. Esta historia de Betsabé es una telenovela que salió mal. Por supuesto, ella pagó al final cuando murió su bebé. A Dios no le gusta que te metas con sus hombres. No habrá bromas ni juegos con los hombres de Dios. ¿Por qué ella no sólo dijo "no" cuando David se acercó a ella? Tal vez fue porque él era el Rey. Como mujer cristiana, los hombres en posiciones de poder te causan ser tentada. Permítanme como una mujer decir esto en otras palabras, los hombres en el liderazgo, ya sea en los negocios o en la iglesia, son frutas prohibidas.

Ellos saben cómo hacer que una buena chica se vuelva mala. Hay muchos hombres que intimidan a las mujeres y después están los que las seducen. Hay quienes simplemente hacen su trabajo y se "dejan atrapar" por el momento. A pesar de todo, las mujeres tienen derecho a decir ¡No! Las mujeres no necesitan ser parte de esta penosa experiencia y mantenerse lo más lejos posible es lo recomendable y en algunos casos abandonar la iglesia si esto les está sucediendo. Ha habido esposas de ministros que han tenido que estar atentas a la congregación y preguntándose a quién su esposo habría consolado o confortado por las razones equivocadas. Mujeres no sean una Betsabé.

Toda la vida, hemos visto películas en televisión que muestran los cambios de humor de las mujeres y por qué ellas planean matar a sus cónyuges, amantes, compañeros de trabajo o enemigos. En la Biblia hay una historia sobre

Jael. Realmente no puedes contar la historia de Jael a menos que vuelvas atrás a la historia de Débora y Barac. El trasfondo comienza con la guerra en el Monte Tabor contra el General Sísara. Barac y Débora discutían lo que el Señor le había dicho a Barac que hiciera en el río Cisón. Pero Barac no estaba seguro de ganar la guerra, así que le pidió a Débora que lo acompañara. Débora, por supuesto, estaba enojada porque Barac no confió en el Señor y en las Escrituras dice: "Ella dijo: Iré contigo; mas no será tuya la gloria de la jornada que emprendes, porque en mano de una mujer venderá Jehová a Sísara. Y levantándose Débora, fue con Barac a Cedes" (Jueces 4:9).

Entonces la batalla continuó y todos los soldados fueron asesinados, pero Sísara logró escapar. Había tiendas en la distancia que Sísara pudo ver. Entonces Heber, el ceneo, quien se había apartado de los otros ceneos, había puesto sus tiendas junto al gran árbol en Zaanaim, que está junto a Cedes (Jueces 4:11). Los ceneos eran una tribu del desierto seminómada, de piel oscura, formada por granjeros y trabajadores del metal que se pusieron del lado de los cananeos. Sin embargo, el marido de Jael, Heber, cuyo nombre significa "aliado", se había separado físicamente de su clan.

Entonces Sísara se acerca a la tienda de Jael y le ordena que lo esconda y le traiga un poco de leche porque estaba sediento. Él le dijo que no le dijera a nadie dónde estaba, por si acaso alguien lo buscaba. Jael no era tonta, su marido Heber siempre la había mantenido informada sobre lo que estaba sucediendo en la guerra, sobre el poder de los israelitas y cómo ellos confiaban en Dios y ella creía que el enemigo de ese Dios también era un enemigo de ella. Entonces Sísara se mete debajo de la sábana y se va a dormir. Jael está parada allí, preguntándose qué hacer y calladamente tomó una estaca y se la clavó en la cabeza, matándolo. Golpeado en su cabeza, el malvado Sísara está muerto.

¿Así que cuál mujer se lleva el crédito por haber matado a Sísara, Débora o Jael? El motivo de Jael para matar a Sísara nos dirá si fue una chica mala enloquecida o una chica buena que fue momentáneamente mala por una buena razón. En las noticias de las últimas semanas escuchamos sobre mujeres cristianas que han asesinado a sus esposos e hijos. No sabemos qué estaba sucediendo en la iglesia para que las personas decidan cometer un asesinato. Hay mujeres que, como Jael, aprovechan el momento para hacer algo incorrecto sólo porque tienen que protegerse a sí mismas. Una vez más, las mujeres somos etiquetadas y estereotipadas como malas, pero muchas veces es por una razón y sólo por una temporada.

Rebeca, era una chica *mala* y su historia plantea problemas incómodos sobre el matrimonio y la maternidad. Sus acciones fueron diseñadas para ayudar al plan de Dios para su familia; pero sus métodos dejan mucho que desear. Ella fue la esposa de Isaac, y madre de Esaú y Jacob. La historia de Rebeca tiene antecedentes de miembros de la familia que controlan todo y se involucran en los asuntos. Abraham y Sara quienes esperaron por tanto tiempo su hijo Isaac decidieron que él necesitaba una esposa. Ellos establecieron que él no se iba a casar con una mujer cananea.

Entonces enviaron un grupo de búsqueda para encontrar una esposa para Isaac, quien termina siendo Rebeca. Ella proviene de una genealogía mezclada, pero ella simplemente era la hermana de Labán, (el padre de Lea), tú sabes por la historia de Jacob y Lea. Rebeca se caracteriza por ser una hermosa virgen que con gusto hace su parte del trabajo. Por lo tanto, ella será una esposa adecuada para Isaac, la esposa que los sirvientes de equipo de búsqueda pensaban. Aun así, el sirviente no estaba seguro de que ella era "la indicada". Él busca más dirección. Bueno, la historia continúa, para decir cómo el grupo de búsqueda aclara a Labán y Betuel (el padre de Rebeca) que Dios los ha emparejado y no fue ellos quienes lo decidieron. Sin embargo, la decisión final depende de ellos, tanto Labán como Betuel dicen: "Si Dios lo dijo así, llévala".

Bueno, Isaac y Rebeca se casaron y no tuvieron hijos durante mucho tiempo y luego les nacieron gemelos y los llamaron Esaú y Jacob. Esaú era el cazador y Jacob se quedaba en casa con su madre aprendiendo los deberes domésticos. En tiempos bíblicos, el hijo mayor heredaba automáticamente el derecho de primogenitura y este derecho sería de Esaú. Un día cuando Jacob cocinaba, Esaú entró hambriento y Jacob le propuso un trato para que le vendiera su primogenitura por un plato de comida.

Isaac, el padre, se estaba quedando ciego y pensó que era hora de hablar con Esaú sobre su derecho de primogenitura. Isaac le dijo a Esaú que no viviría mucho más tiempo, por lo que él quería seguir adelante y darle la bendición. Le dijo a Esaú que fuera a cazar y preparara la comida para que le pueda dar la bendición. Rebeca escuchó la conversación y ella quería que Jacob obtuviera la bendición, porque ella lo amaba más y él siempre se quedaba en casa con ella. Rebeca se ideó un plan y le contó a Jacob al respecto, ella sabía que años atrás, Esaú había vendido su primogenitura a Jacob por el plato de comida. Su plan era poner pieles de ovejas sobre Jacob, preparar una comida y hacer que Jacob pretendiera ser Esaú. Isaac estaba medio ciego, entonces ¿cómo iba a saberlo? Ellos engañaron a Isaac y Jacob recibió la bendición. Pero cuando Esaú regresó de su viaje de caza y cocinó la comida y entró para recibir la bendición, Isaac le dijo que ya se la había dado. Fue entonces cuando ambos se dieron cuenta de que Jacob los había engañado. Esto enfureció a Esaú tremendamente. Rebeca se ideó otro plan, pero esta vez para proteger a su precioso Jacob de ser asesinado. Las Escrituras dicen: "Ahora pues, hijo mío, obedece a mi voz; levántate y huye a casa de Labán mi hermano en Harán, y mora con él algunos días, hasta que el enojo de tu hermano se mitigue; hasta que se aplaque la ira de tu hermano contra ti, y olvide lo que has hecho; yo enviaré entonces, y te traeré de allá. ¿Por qué seré privada de vosotros ambos en un día? (Génesis 27:43-45).

¡Guau! ¿No es eso una madre? Nosotras hacemos lo que sea necesario para proteger a nuestros hijos, incluso cuando se han equivocado. Una madre pondrá su casa para pagar la fianza para sacarlos de la cárcel y luego se irán de la ciudad o violarán la libertad condicional y la madre quedará "atrapada con todas las deudas". Las madres que como en esta historia hacen diferencias me molestan y, sin embargo, veo esto todos los días en mi familia y en otras familias. Siempre hay un niño que parece "favorecido", puede ser tanto por buenas como por malas razones. Cuando hay varios niños en una familia, en un momento u otro, le dedicarán más atención a uno que a los otros dependiendo de la situación. En cuanto a que Rebeca, siendo la esposa, había secretos y las mujeres saben guardar secretos incluso en una relación comprometida. A menudo he oído: nunca dejes que la mano izquierda sepa lo que está haciendo la mano derecha. Sabes que Isaac y Esaú le dieron a Raquel "dolor" después de que Jacob se fue, y estoy segura de que no hubo "paz" durante mucho tiempo. Cuando surge una situación en nuestros hogares y las decisiones se han tomado en relación con un miembro de la familia y todos no están de acuerdo, lo llamamos "una trampa del infierno". La gente no te permitirá superarlo, especialmente si ellos sienten que cometiste un error o que no aceptaste su consejo. No te dejarán olvidar tu error. Rebeca fue una *chica realmente mala*, las decisiones que ella tomó afectaron a toda su familia.

Una chica mala, sobre la que no pude escribir extensamente, porque ella llegó a ser complicada fue **Gomer**. Gomer es una mujer que no puede ser fiel, pero nunca supimos por qué. Nosotros nunca la vemos interactuando con su esposo, sus amantes o sus hijos. No tenemos ni idea de sus pensamientos o sentimientos. Ella nos genera más preguntas: ¿Ella estaba buscando amor o era adicta al sexo? ¿Ella cometió adulterio como un acto rebelde contra los límites patriarcales a las mujeres? ¿Cómo se sintió respecto a si misma? Después del abuso de Oseas, ¿por qué ella volvió con él? Había demasiadas preguntas para responder sobre Gomer, pero conozco mujeres que pueden relacionarse. Tenemos agresiones sexuales, violencia doméstica y falta de vivienda que suceden cada día. Una de las razones por las que no pude escribir sobre Gomer es que no la entendí porque la investigación indica que el libro de Oseas fue escrito principalmente para hombres, es su testimonio dirigido o hablado para hombres. A pesar de todo, Gomer fue una mujer que guardaba silencio, ella no fue ruidosa ni gritona como la esposa de Potifar o Jezabel. Entonces, es prudente decir que hay algunas mujeres que pueden identificarse con Gomer, pero que simplemente no se abren ni lo dicen.

Los Evangelios son conocidos por contar las diferentes versiones de una historia en la Biblia. La historia de **Herodías** es contada en tres de los cuatro evangelios y todos tienen un final triste. Herodías, "la Señorita Especial" sí pensó que ella era todo eso y más, ella estaba tan "equivocada" como quería.

Ella era la hija de Aristóbulo, quien era el hijo de Herodes el Grande. Ella abandonó a su primer esposo, Herodes Felipe, por su hermano, Herodes Antipas. Juan el Bautista condenó enérgicamente a Herodes por esta relación ilícita, ganándose el odio de Herodías. La historia de Herodías es parte de la historia de Juan el Bautista. Juan el Bautista es introducido por primera vez en el evangelio de Marcos 1:4. Juan aparece en el desierto predicando y bautizando a personas de muchos kilómetros a la redonda. El mensaje de Juan es un mensaje de arrepentimiento y preparación para un nuevo suceso que Dios está haciendo. Juan permanece en la tradición de los profetas de las Escrituras Hebreas y prepara el camino para el ministerio de Jesús. En Marcos 1:14, nos enteramos de que Juan fue arrestado, pero no se nos dice por qué. Encontramos más información en Marcos 6.

Herodes arrestó a Juan para evitar que su esposa, Herodías, lo asesinara. Juan actúa como un profeta y critica a Herodes y Herodías por casarse el uno con el otro. Juan habla en contra de ellos basado en la ley y las costumbres israelitas. Cada vez que Juan hablaba sobre la disfunción de esta familia, literalmente "marcaba" a Herodías más y más. Tener a Juan en la cárcel no era suficiente para ella, sabía que no tenía el poder para condenarlo a muerte, por lo que se sintió un poco indefensa.

La rutina de Herodías de irse de cama en cama comenzó cuando Herodes Antipas llegó a Roma por asuntos políticos y de negocios. Ella decidió que él era el más poderoso de los dos hermanos, por lo que su trama para ascender en la escalera política se había incubado. Ella pensó: "Voy a atrapar a ese Juan, así soy". Pronto se presentaría una oportunidad. La ocasión es la fiesta de cumpleaños de Herodes. Él ha invitado a todas las personas realmente importantes de Galilea al gran evento.

Necesitamos entender que no hubo mujeres en esta fiesta. Era más una fiesta exclusivamente masculina y las únicas mujeres que asistían eran reservadas para actuar o hacer lo *suyo* en la pista de baile. La reina Herodías, sin embargo, obtiene un menos diez por enviar a su joven hija sola a esta fiesta de solteros, sabiendo muy bien lo que esto haría para la reputación de la chica. Todo lo que le importaba a Herodías era hacer una escena y obtener lo que ella quería, aun cuando eso traería vergüenza a su descendencia. Agregue *una madre terrible* a la creciente lista de los terribles atributos de Herodías.

¡Guau! Esta niña estaba bailando y moviendo su "prominencia", mientras todos los hombres estaban gritando y aullando sobre ella. El rey estaba emocionado de ver como ella podía "bailar tan bien", y ella complació al rey mucho.

Las Escrituras dicen: "entrando la hija de Herodías, danzó, y agradó a Herodes y a los que estaban con él a la mesa; y el rey dijo a la muchacha: Pídeme lo que quieras, y yo te lo daré. Y le juró: Todo lo que me pidas te daré, hasta la mitad de mi reino" (Marcos 6:22-23). ¿Por qué dijo eso? Esta chica casi pierde la cabeza, corriendo hacia Herodías, "Mamá, mami, ¿qué debo pedir?" Bueno, Herodías había estado esperando este día cuando tendría algo de "poder". La intrigante Herodías, sin duda había instruido a su hija, "Después de bailar para tu padrastro, si él ofrece darte algo, búscame pronto ...Sugirió su madre...", escribió Mateo. Pobre Salomé, ¿podría haber adivinado el horrible regalo que su madre le pediría? "La cabeza de Juan el Bautista" ella respondió.

Salomé regresó corriendo a la fiesta y le dijo al rey que quería la cabeza de Juan el Bautista. Esto estremeció el corazón del rey porque no quería matar a Juan, pero ahí estaban todos los invitados mirándolo y no quería rechazar el pedido que ella le hizo frente a todos los invitados. El rey envió a un verdugo a la cárcel para decapitar a Juan. El verdugo llevó la cabeza a un plato, se la dio a Salomé y ella se la entregó a su madre, Herodías.

Cuando los discípulos escucharon lo que había sucedido, vinieron, tomaron el cuerpo y lo sepultaron en una tumba. Cuando Jesús se enteró a través de los discípulos, él les dijo que se apartaran, él quería estar solo, pero la gente continuó siguiéndolo. Querían ser sanados y enseñados, por lo que Jesús tuvo compasión y nunca le hizo saber a nadie sobre la tristeza que estaba sintiendo por la muerte de Juan.

Culpable, zorra, loca, tonta son todos adjetivos que describen a las mujeres como Herodías. Ellas quieren su pastel y quieren comerlo también. El Señor tiene su manera de castigar a las mujeres que guardan rencor y desean el poder. Yo oro para que la ira de Dios nunca descienda sobre una mujer que está en contra de una de las "personas" de

Dios.

Lo feo

Ha sido célebre que algo feo es tan feo como el que
lo hace. Entonces, cuando **Lea** decidió hacerse cómplice del
plan de su padre Labán, esto la convierte en una mujer do-
blemente fea; fea en acciones y naturalmente fea. Lea, la fea
hermana mayor de Raquel, y la primera esposa de Jacob,
cuyo nombre significa cansado, aburrido, estúpido, picante
y anhelante, tenía los ojos tiernos y no era tan hermosa ni
tan atractiva como su hermana.

Cuando tienes más de una hija, tiendes a comparar las
dos, incluso si son gemelas y otras personas las comparan
también para decir quién es más bonita y quién no es tan
bonita. Así que podemos ver cómo a Labán le preocupaba
que su hija mayor no fuera aceptada por alguien y que en
esos días la hija mayor debería casarse antes que las demás.
Sí, Labán tenía un plan, le dijo a Lea que no dijera nada en
la noche de bodas de su hermana porque ella era tan poco
atractiva que ningún otro hombre la querría. Lea tuvo que
ser cómplice de Labán en la noche de bodas. Como hombre,
Jacob actuó como un "tonto". Jacob no descubrió la verdadera identidad de la mujer hasta después de consumado el

matrimonio y, por lo tanto, no tuvo más remedio que aceptarla como su primera esposa. Cualquiera que haya estado casado dos veces y tenga hijos sabe lo que es que sus hijos sean preferidos o favorecidos sobre los demás y viceversa. Lea siguió buscando el amor, la aprobación y la aceptación de Jacob, y ella estaba continuamente decepcionada hasta que reorientó su vida hacia Dios. Su fidelidad ganó el respeto sincero de Jacob y cuando ella murió, él la enterró en el cementerio familiar en Macpela (Génesis 49:31); y él pidió ser sepultado con ella. No hubo ningún atractivo personal con Lea, pero su relación con Dios sí se perfeccionó. Dios si amó a Lea, le dio siete hijos y en el proceso Dios le enseñó a buscar consuelo en él.

Miriam es mejor conocida como la hermana mayor de Moisés. Su actitud heroica para vigilar el bote salvavidas que su madre había construido para salvar a su hermanito de la ira del Faraón, quien estaba matando a todos los bebés varones nacidos, la hizo especial. Miriam tenía 12 años cuando esto ocurrió. Miriam vio a la hija del Faraón yendo al río para bañarse, y la vio cuando descubrió la canasta. La hija del Faraón inmediatamente reconoció que el bebé era hebreo y Miriam rápidamente entabló una conversación con la curiosa hija de Faraón y se ofreció a buscar a una mujer hebrea para amamantar al bebé. Gracias al esfuerzo de su hermana. Moisés fue devuelto a los brazos de su madre. Entonces, ¿cómo puede una chica dulce y encantadora como Miriam ser clasificada como fea entre las mujeres bíblicas, te puedes preguntar? Ella creció para ser una mujer amable con diversos dones naturales. Ella fue una profetisa, la primera mujer que alguna vez fue dotada con el don de la profecía. Ella fue de gran ayuda para su hermano Moisés en el servicio del Señor. Miriam, como lo hemos notado, fue una hija obediente, una hermana protectora, una profetisa y líder de adoración. Ella no estaba por encima de la fragilidad humana, sin embargo, el orgullo de Miriam se interpuso en su camino. Ella se sentía celosa de que Moisés fuera un profeta más exaltado que ella y entonces indujo a su hermano Aarón en el mismo pensamiento negativo. Es obvio que Miriam tuvo "problemas", ella fue la instigadora del becerro de oro y luego ella criticó a Moisés por su matrimonio con una mujer "etíope" (cusita).

Miriam y Aarón hablaron contra Moisés a causa de la mujer etíope que había tomado por esposa. (Números 12:1). Tener el rol del líder espiritual no fue suficiente para Miriam. Ella anhelaba ser vista por todos como alguien que estaba a la par de Moisés, no como subordinada a él. A veces las mujeres pueden creerse demasiado grandes para sus pantalones y lo "feo" se revela. Miriam empezó a actuar como horrible. Tú no te metas con la gente de Dios. Miriam nos recuerda que los celos y el orgullo se interponen en el camino de nuestra comunión con Dios. Estas características también evitan que Dios nos use para ministrar a otros. Entonces, ¿qué hizo Dios para mantener a Miriam en orden? La ira puede definirse como un fuerte sentimiento de beligerancia provocado por una desigualdad real o supuesta. La ira de Dios se encendió contra Miriam y Aarón cuando hablaron contra Moisés a causa de su esposa etíope. Miriam se convirtió en leprosa.

Después de que Dios castigó a Miriam, nunca más leímos que ella se saliera de su lugar otra vez. Tu no has recibido un "azote" hasta que hayas recibido uno de Dios. Miriam comenzó a ser una verdadera ayuda, pero se convirtió en un obstáculo cuando permitió que el orgullo y los celos llegaran a su corazón. Estos dos pecados robarán a los cristianos su humilde y sincero servicio a Dios. ¡Pobre Miriam! Ella descubrió esto, pero tuvo que descubrirlo por el camino difícil.

Muchas personas creen que su nombre es todo lo que tienen y si arruinan su nombre, están condenados. Bueno, con tu reputación sucede de la misma manera. Sin embargo, la gente puede hablar de ti sin conocerte realmente, lo que crea una falsa ilusión sobre quién eres en realidad. Algunas personas son definidas por su ocupación, y ese es claramente el caso con **Rahab**. La verdad es que su trabajo fue prácticamente su apellido, Rahab la ramera. Sí, Rahab era lo que muchos de nosotros llamamos "mujer de la calle" o una "dama de la noche". Rahab era dueña de un negocio. Ella era una posadera en la ciudad de Jericó. Alrededor de 1.400 a.C., cuando los israelitas invadieron Canaán, Rahab ocultó tres espías hebreos. Su convicción de que Dios era real la llevó a pedir que ella y la vida de su familia sean preservadas cuando Jericó caiga. El simple plan de Josué de enviar espías para inspeccionar la Tierra Prometida creó un cambio en la vida de una mujer a través de una conversación. Llamamos a eso hoy "dar testimonio". Estos dos espías, con la guía de Dios, se dirigieron allí buscando ayuda. Ella los reconoció como los hombres de Dios, y al enterarse de que el rey los estaba buscando; ella tuvo esa sabiduría necesaria para esconderlos sobre el techo de su casa. Rahab les dijo que ella sabía que su ciudad iba a caer a manos del ejército de Josué; y como ella había escuchado del milagro de Dios de secar el Mar Rojo. El rey de Jericó sabía que probablemente los espías irían a la casa de Rahab, ya que ella era la posadera. Y se dice que el rey de Jericó dijo: "He aquí dos hombres de los hijos de Israel han venido aquí esta noche para espiar la tierra" (Josué 2:2). Es sorprendente cómo las personas piensan que saben lo que a ti te gusta y pueden "tirar" de tu cadena. Entonces el rey de Jericó envió este mensaje a Rahab: "Saca a los hombres que han venido a ti, y han entrado en tu casa; porque han venido para espiar toda la tierra" (Josué 2:3). Bueno, bueno, bueno, ¿era esta una sugerencia o una orden, uno se preguntaría? Rahab se enfrentó a una elección difícil, en cada historia de vida las decisiones que se toman de prisa son las que determinan el curso de la eternidad. Rahab solo fue "mala por una temporada", pero no para siempre ... "Debido a la decisión tomada por Rahab de enviar a los guardias a buscar a otra parte y no renunciar a los espías, la pusieron en una nueva categoría de chica mala. Ella se había graduado para actuar como una mala chica. Rahab había escuchado acerca de Dios y, a diferencia de los demás en Jericó, decidió reconocerlo y confiar en él. También era una mujer dedicada a su familia, cuando llegó al acuerdo para proteger a los espías, ella pidió protección no solo para ella sino también para su familia. Rahab les recuerda a los creyentes que no deben juzgar. Todos han pecado, y si no fuera por la gracia de Dios, todos estarían condenados. Dios nos extiende la gracia y debemos extender la gracia a los demás. Entonces, ¿pueden las personas malas que hacen cosas feas aún así ser bendecidas? Rahab, una perversa ramera, pisó el pecado, creyó y confió en Dios, y al hacerlo, ella se convirtió en una de Sus hijas salvas y bendecidas por encima de sus expectativas.

Todo está en la familia de **Tamar**. Ella tuvo la suerte de haber estado casada con dos hermanos que murieron y luego el padre de ellos, engendró los hijos de ella. ¡Guau! Suena como una telenovela. Entonces, ¿cuál es el trasfondo de la "fea" actuación de Tamar? Su historia lo tiene todo: muertes misteriosas, parientes mentirosos, identidades erróneas, bebés ocultos, incluso una mujer ¡condenada a quemarse en la hoguera! Tamar significa "palmera". Cuando murió el malvado hijo de Judá, Er, dejando a su viuda Tamar sin hijos, Judá le dio a su hijo Onán para que ella pudiera tener un hijo. La historia nos cuenta cómo Onán se negó a permitir que su semen llegare a Tamar, por lo que él derramó su semen en el suelo; porque él tenía problemas con que el niño fuera el heredero de su hermano fallecido, Er. Onán también murió por su desobediencia. Bueno, la historia continúa con Judá haciendo una promesa a Tamar de que cuando el tercer hijo fuera mayor de edad se lo daría en matrimonio. Bueno, esto no sucedió. Así que, con el tiempo, la esposa de Judá murió y después de que su período de luto había pasado, Tamar se enteró de que él viajaría a Timnat. Ella se cubrió la cara con un velo y se hizo pasar por prostituta en un punto de la ruta de Judá. ¿Cuán tramposa, intrigante y engañosa puede ser una mujer?

Usted sabe que la venganza puede ser fea. Tamar, al darse cuenta de que Judá nunca honraría la ley del levirato, tomó el asunto en sus propias manos. Ella estaba más preocupada por ser madre que por ser buena, así que ideó un plan. Finalmente, Tamar "se quitó las vestiduras de viuda" y se hizo pasar por una prostituta al lado del camino que Judá frecuentaba. Judá, asumiendo que ella era una ramera, tuvo relaciones sexuales con ella y le dejó su sello y su báculo como prenda de pago hasta que él pudiera enviar un cordero para compensar el precio que ella exigía. Cuando él la dejó, Tamar regresó al campamento de Judá con el sello y el bastón de Judá. Entonces, ¿qué debe hacer una mujer cuando la menstruación no le llega y comienza a sentir pánico? Se corre la voz de que está embarazada y la costumbre dice que

Judá debe condenarla. Pero Tamar confiesa y dice quién es el padre. Cuando Judá se dio cuenta de que él le había negado a ella su justicia bajo la ley del levirato, solo pudo decir: "Más justa es ella que yo" (Génesis 38:26). Además, Tamar tenía el sello y el báculo como prueba de su acusación. Judá revocó la sentencia de muerte. Tamar dio a luz a gemelos, Fares y Zara. Fares estaba en la línea directa de los ancestros de David, y por lo tanto, la línea de Jesús. A veces una mujer tiene que hacer lo que tiene que hacer, incluso si es feo.

Hay algunas mujeres feas en la Biblia y las mencionadas anteriormente fueron Lea, Miriam, Rahab y Tamar. Otras mujeres que considerar son la esposa de Lot y la esposa de Job. ¿Qué pasa con estos hombres piadosos que tienen estas *esposas feas*? Hablemos de la **esposa de Lot**. Los ángeles habían advertido a los miembros de la familia que no miraran hacia atrás cuando Sodoma y las ciudades de la llanura fueran destruidas. La mujer de Lot desobedeció y fue "convertida en un pilar de sal". Las mujeres que están casadas con personas que toman decisiones o con jefes de autoridad tienen un papel que desempeñar como oyentes. La historia de la esposa de Lot es un ejemplo de comunicación deficiente en una familia y cómo esto te hace actuar feo.

Cuando Abraham renegoció con los Ángeles para salvar a la ciudad si ellos podían encontrar a 10 personas buenas, ellos se fueron a Sodoma y Gomorra, donde Lot los vio y los invitó a entrar en la casa. Los malvados vieron a los dos hombres, quienes eran ángeles, entrar a la casa y le dijeron a Lot que los hiciera salir. La gente malvada comenzó a actuar como unos tontos tratando de derribar la puerta, cuando el poder de los ángeles los cegó, retrocedieron. Los dos hombres le dijeron a Lot: "¿Tienes aquí alguno más? Yernos, y tus hijos y tus hijas, y todo lo que tienes en la ciudad, sácalo de este lugar. (Génesis 19:12). Bueno, los supuestos yernos pensaron que era una broma y una vez más los ángeles le dijeron a Lot que se apurara y simplemente se llevara a su esposa e hijas, a pesar de que no eran suficientes para alcanzar las diez personas para salvar la ciudad. En este punto, Lot no ha hablado, o debería decir que no le comunicó a su esposa sobre lo que está sucediendo. Lot se apresuró con su esposa e hijas, y los ángeles siguieron dando instrucciones sobre qué hacer e incluso dieron instrucciones específicas una vez que despejaron las puertas de la ciudad. Las Escrituras dicen: "Y cuando los hubieron llevado fuera, dijeron: Escapa por tu vida; no mires tras ti, ni pares en toda esa llanura; escapa al monte, no sea que perezcas." (Génesis

19:17). Los ángeles le dijeron a Lot y a su familia que no miraran atrás. En el fondo, el crujido y el estallido del fuego estaban sucediendo. De repente, la esposa de Lot miró hacia atrás. Ella estuvo todo el tiempo detrás de su esposo, recuerdas. Tal vez ella iba a un paso muy lento, incluso más atrás de lo necesario. Los sonidos de destrucción y horror deben haber sido ensordecedores y aterradores. Pero su esposa, que iba detrás de él, miró hacia atrás. ¿Por qué ella miró hacia atrás? Eso confundió a los estudiosos durante siglos. Este es un error que la convirtió en una chica mala. Esto le valió un lugar en las Escrituras, tanto en el Antiguo como en el Nuevo Testamento. Esto fue también lo que la mató. Simplemente por la desobediencia y la cabeza dura, simplemente por no seguir las instrucciones, desafiando a la autoridad con el comportamiento no verbal, todos estos son adjetivos que describen una actuación fea, como la esposa de Lot.

Otra esposa que se comportó como fea y lo expresó con palabras fue la **esposa de Job.** Cuando un miembro de la familia está sufriendo y tú sientes por ellos, pero esa boca loca se abre y algunas de las cosas más ignorantes salen de ella, como sucede con la esposa de Job. Aquí este hombre había estado sufriendo de sarna en todo su cuerpo por lo que ella no vio ninguna relación con él. Ella es mencionada sólo después de que Job había perdido su riqueza, sus hijos, y además tenía "una sarna maligna desde la planta del pie hasta la coronilla de la cabeza" (Job 2:7). Mientras Job se sentaba en cenizas, agotado y dolorido, su esposa le dijo: "¿Aún retienes tu integridad? Maldice a Dios y muérete. Y él le dijo: Como suele hablar cualquiera de las mujeres fatuas, has hablado. ¿Que? ¿Recibiremos de Dios el bien, y el mal no lo recibiremos?" (Job 2:9-10). Cuando las personas están enfermas, como Job, y tus amigos te menosprecian y te hacen preguntas sobre por qué te sucede esto, sería de gran ayuda que tu cónyuge "te respaldara" y estuviera allí para brindarte apoyo. Pero la esposa de Job, como tantas mujeres cuando su cónyuge o miembro de la familia está deprimido, lo dejarán rápidamente. Algunas mujeres simplemente no pueden soportar el dolor y el sufrimiento que ven ante ellas. La esposa de Job estaba perdiendo todo a su alrededor y cuando las cosas malas comienzan a suceder, decimos que "los males vienen acompañados". No puedes dejar de notar que ella tenía algo que decir. Ella había perdido sus hijos, su ganado y sus sirvientes. Ella estaba angustiada y se sentía victimizada y su fe no era tan fuerte como la fe de Job. La esposa de Job era bastante humana y mostró una respuesta natural al sufrimiento humano. Pero la respuesta de Job fue piadosa y mostró profundidad espiritual. Necesitamos siempre controlar nuestras reacciones, ya que pueden ser carnales en lugar de espirituales.

La señora Job no era una mujer infiel, fría o indiferente. Ella era una mujer que entendió el sufrimiento y el dolor. Ella era una mujer que pensó en su situación y trató de ver las opciones válidas para ella. Ella fue una mujer que nos empujó a pensar quiénes somos y de quién somos, realmente. ¡Gracias a Dios que la Señora Job fue lo suficientemente valiente como para hablar!

Notas de Estudio

Notas de Estudio

CAPÍTULO 2

La Relación de Jesús con las Mujeres

Es sorprendente como la relación que Jesús tuvo con las mujeres fue tan fenomenal. Se muestra a Jesús exaltando a las mujeres muy por encima de las posiciones limitadas que se les concedieron en el mundo judío del primer siglo. Las mujeres fueron llenas del Espíritu Santo y tuvieron el privilegio de profetizar. Las mujeres fueron bienvenidas como aprendices y discípulas. Jesús sirvió como hijo, hermano, padre y mejor amigo. Cada relación que él tenía estaba definida por las siguientes mujeres y cada uno de sus nombres era María.

Nosotros somos Familia

María, la madre de Jesús, tuvo la oportunidad más profunda que cualquier mujer pueda imaginar, ella dio a luz a Jesús. Durante su compromiso, María fue visitada en su casa en Nazaret por el Ángel Gabriel, quien le dijo: "¡Salve, muy favorecida! El Señor es contigo" (Lucas 1:28).

¿Te imaginas lo que estaría pasando por su mente en ese momento? Ella fue la primera en escuchar que Dios estaba a punto de entrar en la historia de la humanidad, en la persona del Mesías, su futuro hijo, y María fue la primera en escuchar su nombre, Jesús. María se destaca en medio de todas las mujeres en la historia. Ella nunca reclamó nada por sí misma, pero su adoración no tiene edad, clase, raza ni tiempo. Pienso en el momento del anuncio a María y en lo que podría haber estado pasando por su mente, porque seguramente José tenía que preguntarle ¿qué es esto? Las Escrituras nos revelan que Dios se ocupó de los problemas o preguntas que José tenía. Como muchas madres, María vio a Jesús convertirse en un hombre joven. Como un niño que está entrando en la edad adulta, Jesús fue separado de sus padres en el templo. Después de una búsqueda desenfrenada, lo encontraron, y María lo regañó levemente por hacerlos estar preocupados. Él respondió, con lo que parece ser genuino asombro, "¿Por qué me buscabais? ¿No sabías que en los negocios de mi Padre me es necesario estar?" (Lucas 2:49). Otro momento en el que María juega un papel vital fue el primer milagro. María estuvo presente en el primer milagro de Jesús cuando él transformó el agua en vino en las bodas de Caná. De hecho, ella sugirió el milagro al decirle a Jesús que el vino se había agotado y luego le dijo a los siervos que obedecieran las órdenes de Jesús.

La tercera vez que la escritura nos muestra a María es en la cruz. Este fue el clímax de toda angustia y tristeza de María. Ella, como tantas madres, se preocupó y sufrió cuando la gente hablaba negativamente de Jesús y lo criticaban por ser diferente. Ella fue una extraordinaria mujer de Dios y fuimos tan bendecidos de tenerla como la Madre sustituta de nuestro Salvador y Señor.

La mujer afligida es una historia en la Biblia, donde una viuda que había perdido a su único hijo iba de camino para sepultarlo. El nacimiento de este hijo fue motivo de una gran celebración. En la cultura judía, dar a luz a un hijo le da valor a la mujer en los ojos de su esposo. Un bebé varón asegura la esperanza de transmitir la riqueza y el nombre de la familia. Su presencia le garantizaba seguridad social. Sería su responsabilidad cuidar a sus padres ancianos, y especialmente a su madre viuda.

Jesús y los discípulos subieron una colina y pudieron ver una procesión de personas lamentando, gimiendo y llorando. Jesús había llegado a la cima de la colina y bajó a caminar junto a la viuda que estaba llorando y comenzó a hablar con ella diciéndole que no llorara. "Y acercándose, tocó el féretro; y los que lo llevaban se detuvieron. Y dijo: Joven, a ti te digo, levántate." (Lucas 7:14).

Jesús tuvo compasión por esta la mujer. Las palabras más dulces pueden y necesitan ser compartidas con las mujeres cuando están afligidas. Jesús diciendo a la mujer "no llores", fueron las palabras más reconfortantes que uno podría querer escuchar. Ahí estaba ese lado de Jesús que él mostraba cuando más lo necesitaban y con quién debía mostrárselo.

Las amigas

Tener amigas fue un atributo importante que Jesús poseía. La mayoría de sus amigos tenían hermanas o madres que eran importantes para Jesús. Una de esas personas fue **María la madre de Juan y Marcos**. María tenía una política de puertas abiertas para la oración. El hogar de María sirvió como lugar de adoración para la comunidad cristiana en Jerusalén. Ella evidentemente era una mujer con cierta riqueza, ya que no solo poseía una casa lo suficientemente grande como para acomodar a un grupo grande de personas, sino que también tenía sirvientes. Aunque la Biblia no lo dice, la tradición sostiene que el hogar de María fue también el lugar donde se sirvió la última cena y donde los apóstoles y un grupo de mujeres se reunieron y oraron después de la ascensión de Jesús.

María vivía con su hermano Lázaro y su hermana Marta. Todos ellos fueron amigos íntimos de Jesús y otros abrieron sus hogares a él mientras viajaba por Betania. María prefería sentarse a los pies de Jesús escuchando lo que él decía. Hubo varios encuentros donde María mostró su amor por Jesús como lo haría una hermana hacia un hermano en Cristo. Ella se expresó cuando su hermano Lázaro había muerto y esperaba que Jesús hiciera algo al respecto. Luego, cuando ella derramó el perfume caro en los pies de Jesús, todos pensaron que ella había perdido la cabeza. Sin embargo, Jesús sabía que este sería su último viaje a Jerusalén. Sus amigos más cercanos parecían ajenos a la confrontación, excepto María. Ella vio la importancia de lo que estaba sucediendo. María demostró su conocimiento de los eventos a punto de desarrollarse, así como su devoción hacia Jesús, mediante un acto extraordinario. Los amigos están allí cuando los necesitas y María y Jesús eran verdaderamente una familia ya que eran como hermanos.

María, madre de Jacobo y José y probablemente la esposa de Cleofas, es referida en las Escrituras como "la otra María". Esta María estuvo presente en la crucifixión de Jesús, y estuvo cerca de su cruz con la madre de Jesús, su hermana y María Magdalena. Esto prueba que Jesús tuvo muchas mujeres en su vida que compartían el nombre de María. María fue un nombre común en el primer siglo que fue compartido por muchas de las mujeres que Jesús conocía.

Otra mujer, **la mujer sufriente** se puso literalmente de pie ante Jesús. Todo el mundo sabe acerca de la mujer con el problema de la sangre, pero para aquellos que no saben este es el trasfondo de la historia. Había una mujer anónima que había sufrido durante doce largos años yendo y viniendo a ver diferentes doctores tratando de descubrir qué le pasaba. Ella pudo haber tomado corteza del árbol de sauce triturada para tratar de calmar su dolor. Este era un remedio de sabor amargo que contiene salicina, una droga similar a la aspirina que solo habría agravado su sangrado. En aquellos días, una mujer con una enfermedad como esa se consideraba impura y no podía estar cerca de otras personas y mucho menos tocar a nadie.

Esta mujer había oído hablar de los milagros que Jesús estaba haciendo, como él estaba sanando a los enfermos, los paralíticos y resucitando a las personas de entre los muertos. Ella había oído hablar de las poderosas palabras que el usó cuando hizo estos milagros.

Esta mujer vio a Jesús, cuando él iba de camino para ver a la hija de Jairo y ella pensó para sí misma: "Si tocare solamente su manto, seré sana" (Mateo 9:21). Había mucha gente presionando y empujando tratando de ver y tocar a Jesús. Manteniendo su rostro hacia abajo para evitar ser reconocida, ella se adentró en la sudorosa masa de personas que lo seguían.

Persistentemente, ella se abrió paso en el apretado círculo que rodeaba a Jesús, hasta que finalmente estuvo lo suficientemente cerca como para tocarlo. Extendió la mano y tocó ligeramente su manto sólo por un instante.

Inmediatamente su hemorragia se detuvo. Y Jesús inmediatamente teniendo conocimiento de sí mismo, sabía que el poder había salido de él, volviéndose, dijo: "¿Quién ha tocado mi ropa?" ¡Estoy sana! ¡Estoy sana! Tú hablas acerca de alguien gritando y vociferando, la persona Espíritu Santo estaba en proceso, era una celebración. Ella no había tocado su piel, solo el dobladillo de su vestimenta, ¿cómo pudo Jesús haberlo discernido? Tal es el misterio de un milagro. Él no había sentido el toque en su cuerpo; pero lo sintió en su Espíritu, porque "un toque de fe no podía ocultarse de Él".

¡Qué hombre, qué hombre, qué hombre, qué

hombre poderoso, poderoso y bueno! Como mujeres que hemos estado enfermas o con problemas de sangre u otros trastornos médicos, sabemos por lo que esta mujer estaba pasando. Gracias, Señor por la tecnología médica. Pero esta mujer tenía a Jesús, el sanador más poderoso. Este era el Doctor J-E-S-U-S, el único que puede hablar y el dolor desaparecerá. Gracias, Jesús por la compasión mostrada hacia las mujeres con enfermedades.

La **mujer sorprendida en adulterio, también conocida como la mujer adúltera**, tenía una relación personal con Jesús y la manera en que se conocieron fue realmente interesante. Esta mujer es una de las muchas personas sin nombre en los Evangelios que son conocidas por su condición o pecado. Ella es la mujer sorprendida en el adulterio. Esta mujer sin nombre y muy poca voz, sin embargo, juega un papel importante para ayudarnos a entender a Jesús y los poderes contra los cuales él defendía. Aquí está el fondo de la historia. Jesús está en el templo enseñando cuando de repente los escribas y fariseos interrumpen su lección. Ellos están arrastrando a una mujer que atraparon en el acto del adulterio. Ellos la ponen frente a Jesús y le dicen: "Maestro, esta mujer ha sido sorprendida en el acto mismo de adulterio. Y en la ley nos mandó Moisés apedrear a tales mujeres.

Tú pues ¿qué dices?" (Juan 8:4-5). Ahora en este momento, Jesús sabe que lo están probando para ver cómo responderá. Entonces Jesús se inclinó lentamente y con su dedo escribió en la tierra y estaba actuando como si no los hubiera escuchado. Así que siguieron preguntándole y finalmente, Él se puso de pie y dijo: "El que de vosotros esté sin pecado sea el primero en arrojar la piedra contra ella" (Juan 8:7).

Jesús estaba tan tranquilo, que simplemente se inclinó y siguió escribiendo en la tierra. Mientras tanto, la mujer está en silencio. Nosotros solo podemos imaginar lo que ella debe haber estado sintiendo. Ella se encuentra frente al gran maestro que tiene la reputación de perdonar los pecados y hacer que las personas, incluso las mujeres, se sientan importantes y valiosas. "Pero ellos, al oír esto, acusados por su conciencia, salían uno a uno, comenzando desde los más viejos hasta los postreros; y quedó solo Jesús, y la mujer que estaba en medio. Enderezándose Jesús, y no viendo a nadie sino a la mujer, le dijo: Mujer, ¿dónde están los que te acusaban? ¿Ninguno te condenó? Ella dijo: Ninguno, Señor. Entonces Jesús le dijo: Ni yo te condeno; vete, y no peques más" (Juan 8:9-11).

¡Sí! Gracias, Jesús qué hombre. Señor, ten piedad de todas las mujeres que cometen adulterio o han cometido adulterio. Las mujeres son perdonadas y él pide que no pequemos más. Gracias, Jesús por la compasión mostrada hacia esta mujer. La ley establecía que iba a ser lapidada y el Señor Jesús habló y no se arrojó ninguna piedra. Gracias, Señor por la compasión que se le mostró a la mujer, mientras que los escribas y los fariseos "la usaban" para tentar a Jesús. Gracias Señor porque Jesús tiene un espíritu de discernimiento para perdonar. Que todas las mujeres que han sido adúlteras, sorprendidas en adulterio o considerado tener una aventura, se den cuenta de que Jesús puede arreglarlo si solo se lo pides.

Confrontando al enemigo

Es interesante señalar que con todas las Marías con las que Jesús tuvo encuentros; esta es la que más se destaca por su relación personal con Jesús. Mientras Jesús y sus discípulos viajaban de pueblo en pueblo, un grupo de mujeres excepcionales los siguieron y los apoyaron donde sea que ellos iban. **María Magdalena** estaba entre estas mujeres. ¿Qué hizo que María Magdalena se sintiera tan agradecida con Jesús y que lo siguiera de un lado a otro? La curiosidad me tentaba a descubrir la razón. María Magdalena era una mujer cuya vida había sido transformada por Jesús. Él la había liberado de los siete demonios que la poseían. Ella estaba lidiando con el enemigo internamente. Nosotros podemos hacer conjeturas sobre la profundidad de su gratitud debido al compromiso que mostró para con Jesús. María se dedicó a Jesús y a Su causa. Ella contribuyó con finanzas para ayudar a Jesús a continuar predicando y enseñando.

Los amigos estarán allí para cuando más los necesites, por lo tanto, no fue una sorpresa que María Magdalena estuviera cerca de la cruz, y observara a Jesús soportar este cruel método de ejecución romana, y atestiguara su entierro. Ella vio a los romanos rodar una enorme piedra en frente de la tumba donde Jesús fue puesto. María Magdalena todavía estaba esperando cuando la piedra se apartó y los dos ángeles que estaban dentro le preguntaron por qué estaba llorando. La relación con Jesús fue especial porque cuando vio al jardinero, ella le preguntó: "¿Dónde pusieron el cuerpo de Jesús?" Pero cuando Jesús dijo su nombre, María reconoció su voz y lo llamó Rabí, es decir, mi maestro. Amigos, verdaderos amigos, los mejores amigos, es lo que Jesús fue para María Magdalena.

Una madre que cuida a sus hijos experimenta estrés, tensión, angustia y miedo cuando algo les sucede. Pero saber que puedes invocar a Jesús y tener lo que llamamos **la fe de una madre**, te lleva a otro nivel. Esta historia se trata de un milagro que realizó Jesús (suena como un espectáculo de magia) para permitir que la gente de Galilea vea el poder de Dios. Cuando Jesús realizó sus milagros, siempre tuvo una lección para enseñar. Cuando Jesús y los discípulos se dirigían a Galilea, estaban cerca de las áreas donde vivía el pueblo Sirofenicio.

Alguna vez, habrás oído hablar de los Hatfield y los McCoy en el oeste, siempre peleando. Bueno, los sirofenicios y los israelitas eran similares a los Hatfield y McCoys. Ellos se odiaban entre sí y se atacaban todo el tiempo. Jesús nunca ha estado cerca de los "líos" y siempre ha querido que todos se lleven bien. Así que este día en particular, mientras caminaban, una mujer se le acercó y le pidió ayuda. La mujer le dijo a Jesús que un demonio había poseído el cuerpo de su hija. Jesús sabía que esta mujer era sirofenicia y él era israelita, por lo que la puso a prueba diciendo: "No soy enviado sino a las ovejas perdidas de la casa de Israel" (Mateo 15:24). Con esto, él le preguntaba: ¿No debería ayudar primero a mi propia gente? Jesús dijo que apartarse de las necesidades de su pueblo para ayudar a una sirofenicia es absurdo. Pero esta mujer sirofenicia "tenía agallas", miró a Jesús directamente a los ojos y le dijo: "Sí, Señor; pero aún los perrillos comen de las migajas que caen de la mesa de sus amos. Entonces Jesús respondió y le dijo: "¡Oh mujer, grande es tu fe! Hágase contigo como quieres". Y la historia continúa diciendo que su hija fue sana desde esa misma hora. Entonces, ¿por qué esta mujer se acercó a Jesús como ella lo hizo? Ella podría no tener derecho a reclamarle a Él sobre la base de una relación de pacto, pero ella sí podría apelar a Él como una criatura necesitada, quien lo reconoció como Dios, en la persona de Jesús, que no tenía límites para satisfacer todas las necesidades humanas.

¡Sí! ¡Sí! ¡Sí! ¡Yo he estado ahí! ¡He hecho eso! Tengo los recibos para mostrar. Dios ha traído a muchas madres a través de los sufrimientos y dolores de cabeza que nuestros hijos nos han dejado. Se requiere fe en Dios para saber que conseguirás el dinero para sacarlos de la cárcel. Tu podrás obtener el abogado correcto para llevar el caso de lo que ha hecho tu hijo. Tú serás capaz de obtener la confirmación del diagnóstico con los resultados de las pruebas y con el médico adecuado. Todas estas cosas son relativas de tener o deberíamos decir *guardamos la fe*. Nosotras sabemos y confiamos que el banquero es Jesús, el abogado o el apoderado es Jesús y el doctor es el Dr. Jesús y que todos ellos están en uno. Como mujeres tenemos que creer en la Escritura que dice "Si tuvieras la fe de una semilla de mostaza, diríais a esta montaña 'muévete' y se movería". Entonces, ¿no sabes que, si tienes fe en Dios, Él va a hacer que suceda? No hay nada que sea difícil para Dios, todo lo que tenemos que hacer es tener fe y Él la tomará desde allí.

Notas de Estudio

CAPÍTULO 3

Mujeres en Aquel Tiempo y Ahora

Hay mujeres de todos los ámbitos de la vida que conforman la familia cristiana. No todas han sido siempre salvas. Estamos observando una gran cantidad de mujeres que tienen que salir a ganar el dinero para comprar el mercado y volver a casa para cocinar. Las mujeres hace más de 2.000 años cuidaban el ganado, lo sacrificaban, lo preparaban y lo servían. Entonces las cosas no han cambiado, si quieres saber por qué algo está pasando ahora, busca en la Palabra de Dios y encontrarás la respuesta en la Biblia. Esta sección trata sobre las mujeres bíblicas y sus ocupaciones.

Profesiones de las mujeres

Los títulos de lujo y las ocupaciones por mérito son algo bueno, pero lo realmente importante es lo que haces con el dinero recibido por tu trabajo. Cuando las mujeres tienen la oportunidad de dar, ellas dan creyendo que cuanto más dan, Él dará más, y me refiero a Dios. Con la parábola de la **viuda pobre**, nuevamente Lucas eligió contar la historia de una mujer elegida de entre los estratos más bajos de la sociedad, cuyas acciones demostraron que lo que ella podía contribuir era extremadamente significativo para el Señor. El elogio que Cristo le hizo, una vez más, marca un sorprendente cambio de estatus. Las grandes ofrendas dadas por los hombres ricos fueron rechazados, mientras que la pequeña ofrenda dada por la viuda fue exaltada como "ella dio más que todos" (Lucas 21:3).

Trabajadoras y Amas de Casa

Marta, la hermana de María y Lázaro, siempre se desempeñó como la anfitriona en las reuniones familiares. Jesús aparentemente había venido por invitación de Marta. Ella fue quien lo recibió, lo cual significa que ella era la verdadera maestra de ceremonias en esa casa. Incluso su nombre es la forma femenina de la palabra aramea para "Señor". Este era el nombre perfecto para ella porque claramente, ella era quien presidía en la casa.

A menudo, nos han asignado roles y la gente nos categorizará porque piensan que esas son las únicas habilidades que tenemos. Marta no solo aceptó la opinión que la sociedad tenía de su rol; pero ella se enojó cuando su hermana

María no la ayudó. La ansiedad de Marta no es solo un reflejo de su necesidad de ayuda en la cocina, sino de ¡la conducta "inapropiada" de María! Jesús tenía una manera de obtener, o debería decir, una manera de enderezar las cosas. Él entró como un hermano mayor y puso a Marta en su lugar. Jesús le dio a Marta una suave reprimenda y una fuerte lección acerca de dónde deberían estar sus verdaderas prioridades. Las Escrituras dicen: Y Jesús respondió y le dijo: "Marta, Marta, afanada y turbada estás con muchas cosas. Pero sólo una es necesaria; y María ha escogido la buena parte, la cual no le será quitada" (Lucas 10:42). Al principio, el comportamiento exterior de Marta parecía ser el de una verdadera criada del servicio. Ella fue la que se puso el delantal y se puso a trabajar en la tarea de servir a los demás. Sin embargo, ella era una gran amiga de Jesús, era como una hermana y el regaño que Él le dio, fue verdaderamente basado en el amor.

Otra historia de una mujer trabajadora es acerca de una **Mujer y Elías.** Cuando Elías había dejado el desierto, Dios le envió cuervos con comida y le dio a beber agua de un arroyo cuando estuvo sediento. No llovió y Elías tuvo que viajar porque el arroyo se había secado. Mientras él estaba viajando, llegó a la casa de una mujer y le pidió comida y agua.

Ella le dijo que solo tenía suficiente harina para hacer una última comida antes de que ella y su hijo murieran de hambre. Elías le dijo que él era un profeta y que Dios lo había enviado. Él le dijo que Dios proveería. Esta mujer le creyó e hizo lo que él le indicó. Efectivamente, la mujer preparaba comida tras comida y la misma cantidad de harina se "mantenía". Esto fue un milagro. ¡Sí! Señor, tú sabes cómo proveer para a las mujeres cuando no sabemos de dónde vendrá la próxima comida o cómo vamos a alimentar o hacer almuerzos para los niños, pero tú sí provees, ese es Dios. ¡Sí! Él usó a Elías para realizar el milagro, pero es Dios quien le proporcionó todo lo que ella necesitaba. Dios proveerá para ti, si solo lo pides y cuando pidas, pide con confianza y creyendo que Él lo hará.

Débora fue una mujer trabajadora y la forma como ella obtuvo su posición fue aún más extraordinaria. Lo primero que aprendemos de Débora es que ella tenía una relación especial con Dios. Ella había sido llamada por Él y comisionada para hablar en Su nombre.

Ella era profetisa y "líder de Israel". Pero Débora también era esposa, ella estaba casada con Lapidot. En esencia, no hubo ningún conflicto entre ser una esposa en un tiempo patriarcal y ser una líder espiritual. Débora era una mujer trabajadora. Ella fue contada entre uno de los grandes jueces de Israel y fue la única mujer registrada que mantuvo esta posición de liderazgo en Israel.

A menudo, Débora se encontraba sentada debajo de una palmera entre Bet-el y Ramá. Y los israelitas de varias tribus iban a consultarla para resolver sus disputas. La victoria más célebre para Débora fue darle a Barac las instrucciones sobre la guerra, que Dios le había dado a ella. El desenlace es fenomenal. Débora era una mujer cuya confianza estaba arraigada en una relación personal muy cercana con Dios y en el conocimiento de que Dios había elegido usarla para guiar a su pueblo.

Débora nos recuerda que Dios da talentos a las mujeres para el liderazgo espiritual. Nosotros violentamos las Escrituras cuando descartamos a las mujeres del liderazgo únicamente por motivos de género. Pero al mismo tiempo, la elección de Barac como comandante militar, por parte de Dios puede indicar que no todas las funciones de liderazgo son apropiadas para las mujeres.

Ana fue una profetisa, no una predicadora. Una profetisa es aquella que habla en el poder del Espíritu Santo. Dios ordena a las mujeres guardar silencio en la iglesia no a usurpar la autoridad sobre el hombre. Entonces, una profetisa da testimonio a individuos, pero nunca frente a las congregaciones donde hay hombres y mujeres. Entonces, ¿cómo podemos describir el papel de Ana como profetisa? Ana pudo haber sido una maestra del Antiguo Testamento para otras mujeres. Sin embargo, se la llama profetisa porque era su costumbre declarar la verdad de la palabra de Dios a los demás. Este don para proclamar la verdad de Dios desempeñó finalmente un papel importante en el ministerio, por el cual Ana aún se le recuerda. Ana, quien había dedicado su vida a servir a Dios en el templo, no solo reconoció al bebé en brazos de María, sino que lo proclamó a "todos los que buscaban por redención en Jerusalén". Ana fue realmente recompensada al ver al Niño Jesús mientras ella estaba sirviendo al Señor en el templo.

Emprendedoras y Empresarias

Lidia fue la primera convertida al cristianismo en Macedonia. Su ocupación como vendedora de ropa púrpura y después promotora de Pablo y de la Iglesia de Filipos en su propio hogar, indican que era una mujer adinerada e influyente. Lidia era una verdadera mujer de negocios y empresaria. Cuando se instaló en Filipos en Macedonia, allí podía vender su costosa tela púrpura entre la élite social, los militares jubilados y las familias gobernantes.

Cuando ella escuchó al apóstol Pablo hablar en el distrito comercial de Filipos, ella reafirmó la decisión que había tomado antes de convertirse al judaísmo y adorar solo a Dios.

Una vez que obtienes la salvación, las cosas suceden para bien y sabes que todo esto proviene de Dios. No se dice mucho de Lidia en las Escrituras, pero de ella aprendemos que la salvación llega a cualquiera que la acepte y que una mujer puede tener un negocio y seguir siendo cristiana y servir al Señor.

La esposa Noble es descrita, para nosotros, en Proverbios, capítulo 31, también conocida como la **Mujer Virtuosa**. Esto demuestra que está bien trabajar fuera del hogar. En nuestros días, estamos familiarizados con los estereotipos que, con demasiada frecuencia, se utilizan para determinar los apropiados roles masculinos y femeninos. Las mujeres y los hombres con su ética laboral también han sido comparados. Suponemos que una mujer es más afectuosa y es la persona adecuada para cuidar a los niños. Entonces, los hombres deberían trabajar fuera del hogar y las mujeres deberían trabajar en casa. Las mujeres son verbales, por lo que son buenas maestras y trabajadoras sociales. Estereotipos,

estereotipos, ¿alguna vez nos alejaremos de ellos? Para muchos cristianos, estos conceptos son justificados por lo que ellos suponen que la Biblia enseña, a pesar de que los textos de prueba son difíciles de encontrar.

La **mujer que acudió a Eliseo** en busca de ayuda es un buen ejemplo de cómo esto puede ser beneficioso. La mujer le contó a Eliseo su situación acerca del hombre a quien su esposo le debía algo de dinero y que estaba a punto de llevarse a sus hijos como esclavos. Esta mujer necesitaba ayuda y algo de dinero muy rápido. Eliseo, le preguntó a la mujer si ella tenía comida en su casa y la mujer respondió, todo lo que tengo es este pequeño tazón de aceite de oliva. Eliseo le dijo que recogiera tantos recipientes, tazones, ollas y jarras como ella pudiera. Él incluso le dijo que pidiera prestado algunos, si tenía que hacerlo. Entonces Eliseo le dijo que llenara todos los recipientes, ollas, jarras y tazones con el aceite proveniente del pequeño tazón que ella tenía. La mujer empezó a llenar los recipientes, ollas, tazones y jarras y hubo suficiente para ser vendidos y poder devolver todo el dinero al hombre al que su difunto esposo le había pedido prestado. Esto fue un milagro ¿No es Dios bueno? Muchas veces las mujeres se enfrentan a decisiones sobre qué hacer y ¡Oh sorpresa! Dios hace un milagro. Él es tan bueno que sus maravillas nunca dejan de sorprenderme.

Las Testigos y Misioneras

Siempre ha habido y habrá una oportunidad para dar testimonio y adorar. Tú podrías servir como misionera o dando testimonio. Ya sea al contar tu testimonio personal sobre lo que Dios ha hecho en tu vida o salir a difundir la palabra.

Las **mujeres discípulas** eran las "seguidoras" que apoyaban a los discípulos. Sin ánimo de insistir en este punto, la primera mención de mujeres en el libro de los Hechos de los Apóstoles, las muestra reunidas con los hombres, para la oración y la adoración. Esta sola escena demuestra la nueva libertad que Cristo ofreció para aquellos que confiaron en él. Las mujeres que presenciaron la resurrección y, a su vez los críticos, nos han señalado variaciones en los relatos de la resurrección de Jesús en los evangelios, como cuántas o cuáles mujeres entraron en la tumba.

Nosotras tenemos que superar los roles de género cuando se trata de dar testimonio o ser una misionera. Dios siempre tuvo una forma de hablarle a las mujeres. Los ángeles al recordarle a las mujeres las palabras de Jesús, dejaron en claro que estas mujeres eran discípulas que habían sido enseñadas por Cristo tal como se les había enseñado a los doce. Jesús les había enseñado a las mujeres las mismas verdades que Él les enseñó a los hombres. ¡Su género e incluso su disposición a hacer el "trabajo de mujeres", de ninguna manera limitaron su estatus como discípulas de Cristo!

Dios provee a las mujeres a través de trabajos, puestos, títulos, pero la forma en que compartimos la palabra de Dios con los demás está en nosotras. Podemos dar testimonio y ser misioneras todos los días. Yo considero a **la mujer del pozo** como una de las más exclusivas herramientas de mercadeo porque ella usó "las palabras de su boca" para contar su historia. Ella fue una *verdadera* testigo.

Los fariseos escucharon que Jesús estaba atrayendo más creyentes y bautizando más que Juan el bautista. Jesús sabía que los fariseos lo estaban mirando así que decidió salir de Judea e ir a Galilea, pero tenía que pasar por Samaria para llegar a su destino. Cuando Jesús llegó a una pequeña ciudad llamada Sicar, él se detuvo en el pozo de Jacob porque estaba sediento. Él miró el camino y vio a una mujer que venía con sus ollas, y esto era extraño porque las mujeres no solían ir al medio día, ellas venían de noche cuando era más frío. Jesús le pidió a la mujer agua para tomar. Ella le respondió que estaba sorprendida de que él le pidiera agua. Ella dijo: "Tú eres judío y yo soy una samaritana". Jesús le dijo: "Tú no conoces el don de Dios". Y no sabes quién te está pidiendo agua. Si lo supieras, me hubieras pedido a mí, y yo te hubiera dado agua viva. Ella inmediatamente entendió que él estaba haciendo una afirmación asombrosa. Ella le dijo: "Señor, no tienes con qué sacarla, y el pozo es hondo. ¿De dónde, pues, tienes el agua viva? ¿Acaso eres tú mayor que nuestro padre Jacob, que nos dio este pozo, del cual bebieron él, sus hijos y sus ganados?" (Juan 4:11-12).

Jesús le dijo que cualquiera que bebiera del agua del pozo volverá a tener sed.

"Mas el que bebiere del agua que yo le daré, no tendrá sed jamás; sino que el agua que yo le daré será en él una fuente de agua que salte para vida eterna" (Juan 4:14).

Ahora ella era supremamente curiosa, y le pidió a Él que le diera del agua viva. Yo pienso que, en este punto, ella probablemente había entendido que Él estaba hablando de agua espiritual. Las siguientes palabras de Jesús la hicieron detener inesperadamente: "Ve, llama a tu marido, y ven aquí". ¡Guau! Esto tuvo que haberla sorprendido, pero ella con todo su ingenio le respondió a Jesús:" No tengo marido" (Juan 4:17). Jesús le dijo: "porque cinco maridos has tenido, y el que ahora tienes no es tu marido; esto has dicho con verdad" (Juan 4:18). ¡Dilo! ¡Dilo! ¡Dilo! Tú sabes que el corazón de ella tenía que estar hundiéndose; Jesús acaba de descubrirla. Jesús le reafirmó indicando que ella no tenía marido, que ella nunca negó haber tenido cinco maridos, y tampoco dijo nada sobre el hombre con el que estaba viviendo. Lo que ella le dijo a Jesús fue que ella podía ver que él era un profeta. Pasaron a tener una discusión sobre el culto samaritano y judío. Ella respondió con estas palabras increíbles: "Sé que ha de venir el Mesías, llamado el Cristo; cuando él venga nos declarará todas las cosas" (Juan 4:25).

Apenas ella mencionó el tema del Mesías, entonces Jesús dijo: "Yo soy, el que habla contigo" (Juan 4:26). Esta es la declaración mesiánica más directa y explícita que Jesús hizo alguna vez. Nunca antes, en ninguno de los registros bíblicos Él había dicho esto de manera directa a nadie. Entonces, ¿qué dices o haces después de recibir una respuesta como esta de parte de Jesús? La respuesta de ella fue típica de los nuevos creyentes, una de las evidencias de fe auténtica. La persona que se acaba de liberar de la carga del pecado y de la culpa, siempre quiere compartir las buenas nuevas con los demás. La emoción de la mujer debió haber sido palpable. Y cabe destacar, que lo primero que les dijo a los hombres de su pueblo fue que Jesús le había dicho todo lo que ella hizo. Ya no estaba evadiendo los hechos de su pecado. Ella estaba disfrutando del brillo del perdón, y simplemente no hay vergüenza en esto.

La mujer en el pozo no esperó a que se abriera una puerta; la derribó ella misma. Tengo que repetir esto de nuevo, "Vengan, a ver a un hombre que me dijo todo lo que hice". ¿Por qué los hombres de su ciudad escucharon a una mujer con un estilo de vida sombrío? Sencillo; Ella había visto a Cristo. Ahora las personas de Sicar veían a Cristo en ella. Una vida cambiada llama la atención de las personas todo el tiempo.

A mí parecer, esta es la mujer más convincente, porque ella es muy real. Ella no se pone al frente y pretende ser algo que ella no es. Jesús descubrió su pecado y ella no se avergonzó de eso. Ella solo pidió el agua que la cambiaria para siempre. Todos necesitamos tomar de esa agua. Nosotras, como mujeres, necesitamos dejar que fluya a través de nuestro cuerpo y limpiarnos de toda la suciedad del pecado, el odio y la mezquindad que existe. Gracias a Dios por la mujer en el pozo porque las mujeres pueden ver que, si ella pudo pedir esta agua, ¿por qué nosotras no? No te contengas cuando Él te ha bendecido. ¡Tú deberías contarlo! ¡Mujeres no se avergüencen del pasado! ¡Dilo! ¡Dilo! ¡Dilo! ¡Dilo! ¡El Señor quiere usar mujeres cada día, mujeres reales, mujeres que confían, mujeres que tienen fe, mujeres que creen y mujeres que no se dan por vencidas! ¡Dilo! ¡Dilo! ¡Dilo! ¡Sé una testigo!

Las mujeres que lavaron los pies de Jesús, una de ellas fue María, la hermana de Marta y Lázaro, pero hubo otra. Ambas son ejemplos esenciales de las mujeres que se preocuparon por Jesús. Jesús estaba en medio de una comida con los fariseos y sabía que ellos no confiaban en él, pero cada oportunidad que Él tenía les enseñaba una lección. Este momento en particular estaban sentados para comer. "Vino a él una mujer, con un vaso de alabastro de perfume de gran precio, y lo derramó sobre la cabeza de él" (Mateo 26:7).

El alabastro era una piedra blanda, importada desde Egipto a Palestina, especialmente popular para almacenar perfume y ungüentos. Era de color claro y cremoso, por lo general ligeramente cubierto con fibras. Era de tamaño medio, del tamaño de la palma de la mano o del tamaño del monedero. Los frascos de alabastro eran comunes, la sustancia oculta era lo que le hacía ser valioso. Este contenía todo el perfume que la mujer poseía. El más mínimo toque de este perfume en los puntos adecuados como el pulso, podía permanecer perfectamente toda la noche oscura en el desierto.

Después de verter el perfume sobre la cabeza de Jesús, ella se arrodilló detrás de él. Ella estaba llorando y cuando las lágrimas cayeron de sus ojos se mezclaron con el perfume mientras lo derramaba sobre los pies empolvados de Jesús. Luego ella limpió el perfume de los pies con su cabello y entonces le besó los pies mientras lloraba una y otra vez. Entretanto, Simón el fariseo estaba mirando a la mujer y pensaba para sí mismo: "Si Jesús fuera un profeta, no la habría dejado hacer eso". Ella sabía lo que la gente del pueblo pensaba de ella. Las palabras que ellos susurraban y sus miradas de desprecio, hicieron este momento claramente doloroso. Pero este Jesús era diferente. Sus palabras fueron amables, no crueles. Su mirada reflejaba compasión, no juicio. Pensar que un hombre así la miraba, seguramente la tenía temblando de expectación.

En el libro de Mateo, la historia continúa cuando Jesús reprende a Simón el fariseo porque estaba hablando en su mente, recuerda que Jesús lo sabe todo. Jesús le cuenta la historia del acreedor y los deudores. Los discípulos comenzaron a tener diferentes ideas y querían saber por qué ella hizo esto. "Porque esto podía haberse vendido a gran precio, y haberse dado a los pobres" (Mateo 26:9).

Ignorando a los discípulos, Jesús continuó enseñando su lección a Simón el fariseo. "¿Ves esta mujer?" (Lucas 7:44). "Mírala", Jesús le implora. "Entré a tu casa, y no me diste agua para mis pies; mas ésta ha regado mis pies con lágrimas, y los ha enjugado con sus cabellos" (Lucas 7:44). "No me diste beso; mas ésta, desde que entré, no ha cesado de besar mis pies" (Lucas 7:45). "No ungiste mi cabeza con aceite; mas ésta ha ungido con perfume mis pies" (Lucas 7:46). Al señalar las cosas que la mujer hizo bien y las cosas que Simón debería haber hecho, Jesús logró afirmarla a ella y amonestarlo a él al mismo tiempo, sin despojar ni a ninguno de su dignidad. Señor, Señor, Señor, gracias por el perdón. Como mujeres, el solo hecho de saber que Él sabe lo que nosotras hemos hecho, a pesar de que todos los demás quieren seguir recordándonos lo "que" solíamos hacer, y saber que nos perdonas y que podemos seguir adelante por su gracia, amor y amabilidad.

La adoración es acerca de reavivar un corazón hecho cenizas, en un fuego ardiente. Esta mujer fue portadora de la antorcha. Jesús seguramente sintió el calor cuando ella lo tocó, o través de sus lágrimas y sus besos. Ella no vino a pedir nada, solo le preocupaba glorificarlo, honrarlo y alabarlo de la única manera que ella sabía. Jesús le dijo a la mujer, "Tu fe te ha salvado, ve en paz" (Lucas 7:50).

Diaconisas

A menudo hay puestos, en varias iglesias denominacionales, que son ocupados por hombres y mujeres. En la iglesia Bautista tendrás hombres y ahora mujeres que son llamados diáconos y otras mujeres quienes son llamadas diaconisas. En la iglesia Metodista estos puestos son mayordomos y mayordomas. Con sus roles en ambas denominaciones viene la responsabilidad de "hacer buenas obras". Las personas en estos puestos son responsables de cuidar a los enfermos, los necesitados, los pobres y los oprimidos. Ellos ayudan al pastor de la iglesia y atienden las necesidades de los miembros de la iglesia, así como también de la comunidad. Entonces, por todo esto, vale la pena al considerar a **Tabita** como una de las diaconisas más grandes de la Biblia. Algo fascinante de esta persona es que su nombre traduce **Dorcas**. Dorcas era amada en su iglesia. Ella no era famosa como profetisa ni tampoco era predicadora. Por el contrario, ella fue una mujer llena de buenas obras y obras de caridad.

Las personas amaban a Dorcas porque se preocupaba

por los demás y les demostraba que se preocupaba de manera práctica.

Entonces, cuando esta mujer que hacía buenas obras se enfermó y murió, esto afectó a toda la comunidad y enviaron a buscar ayuda. Los discípulos enviaron a dos hombres para buscar a Pedro, quien, a su llegada, fue llevado a una habitación del piso de arriba donde el cuerpo yacía rodeado por los dolientes. Pedro les pidió que salieran de la habitación, y luego, de rodillas orando, él le dijo a Tabita que se levantara. Ella abrió los ojos y se sentó. La noticia del milagro se extendió rápidamente y esto motivó a muchas personas a aceptar las enseñanzas del Evangelio a través de Pedro. Es importante entender cómo el bien que haces por los demás mientras desempeñas el papel de diaconisa o mayordoma es la historia de Tabita, conocida también como "Dorcas", y debería ser un honor servir a los demás.

Febe entra en la categoría de diaconisa. La palabra que la describe como "sierva" de la iglesia podría traducirse como "diaconisa". Entonces, ¿Qué es lo que diferencia a Febe de otras mujeres durante este tiempo con Pablo? Febe era probablemente una dama que tenía recursos y posición social. Ella era una devota, dedicada cristiana y miembro de la Iglesia de Cencrea. Pablo la eligió para llevar una de sus epístolas, por su honradez y porque de todos modos ella iba a ir a Roma por asunto de negocios.

Entonces, Pablo al final de su carta a la Iglesia en Roma, les recomendó a Febe y les pidió que la recibieran en el Señor, cuando ella llegara a su iglesia. Esto fue un gran honor para una mujer, ser respaldada como una "diaconisa" en el servicio al Señor.

Como una líder de la iglesia, las mujeres deben ser especialmente cuidadosas cuando están a cargo del dinero, incluso en relación con los ministerios. La historia de **Safira** y Ananías es una, donde la parte financiera de las mujeres debe ser revisada y examinada en busca de defectos. Safira y Ananías son miembros de la iglesia cristiana primitiva en Jerusalén. Ellos son heridos de muerte por retener dinero del fondo común. Los miembros de la iglesia cristiana en Jerusalén habían decidido reunir sus recursos para el bien común. La gente vendía sus propiedades y contribuía con las ganancias para un fondo común, que los apóstoles administraban. Este arreglo simbolizaba la utopía de la comunidad israelita donde se compartían las cosas: "para que así no haya en medio de ti mendigo; porque Jehová te bendecirá con abundancia en la tierra que Jehová tu Dios te da por heredad para que la tomes en posesión, si escuchares fielmente la voz de Jehová tu Dios, para guardar y cumplir todos estos mandamientos que yo te ordeno hoy" (Deuteronomio 15:4-5).

Claramente, Safira y Ananías eran bien conocidos entre los creyentes. Tal vez sirvieron en alguna posición de liderazgo en la joven iglesia, codo a codo como marido y mujer, o tuvieron un negocio próspero que proporcionaba muchos ingresos disponibles para apoyar la causa. Cualquiera sea el escenario, dos verdades se destacan: (1) Ellos fueron seguidores de Cristo; y (2) Ellos tenían los medios para promover Su reino de una manera significativa. A primera vista, Safira era una *buena chica*, no *una mala*. Pero mientras otros fueron llenos del poder del Espíritu Santo, ellos fueron vaciados por sus propios celos y la necesidad de prestigio y reconocimiento.

La verdadera primicia de la historia es que Safira y Ananías estaban vendiendo la tierra y no estaban entregando todas las ganancias al fondo común, ellos estaban reteniendo algo de dinero para sí mismos. El hermano Pedro fue el buen discípulo que le preguntó a Ananías sobre lo que estaba haciendo. Las Escrituras dicen: Pero Pedro dijo: "Ananías, ¿Por qué llenó Satanás tu corazón para que mintieses al Espíritu Santo, y sustrajeses del precio de la heredad?"

(Hechos de los Apóstoles 5:3). Ahora, ¿qué podría decir Ananías? Lo han atrapado y no tiene a dónde ir, así que quedó claro, ¿verdad? Para cuando Pedro terminó de darle el tercer grado en el manejo de las finanzas de Dios, Ananías simplemente cayó muerto. Pedro hizo que algunos hombres entraran y sacaran a Ananías.

Pasando un lapso como de tres horas, entró su mujer, no sabiendo lo que había acontecido. Entonces Pedro le dijo: Dime, ¿Vendisteis en tanto la heredad? Y ella dijo: Sí, en tanto. Y Pedro le dijo: ¿Por qué convinisteis en tentar al Espíritu del Señor? He aquí a la puerta los pies de los que han sepultado a tu marido, y te sacarán a ti" (Hechos de los Apóstoles 5:7-9).

Safira sufre el mismo destino que su esposo. Pedro no le recuerda que la tierra era de ella para hacer lo que quisiera. Ella es acusada de conspirar con su esposo para tentar el Espíritu de Dios. "Al instante ella cayó a los pies de él, y expiró; y cuando entraron los jóvenes, la hallaron muerta; y la sacaron, y la sepultaron junto a su marido" (Hechos de los Apóstoles 5:10). ¡Ahora bien! No juegues con las finanzas de Dios. En primer lugar, no son tuyas, Él te las da y si no eres una buena administradora, Él te las quitará. En este momento hay una mujer que está siendo juzgada por matar a su esposo, quien era un ministro. El periódico compartió el expediente del juicio donde se muestra que el motivo estaba relacionado con las finanzas. La pareja fue atrapada en un fraude financiero que se realizaba a través de varios ministerios. La esposa era la socia financiera y el esposo había estado presionándola sobre la desorganización y por no mantener los datos actualizados.

Ella dijo que solo recuerda haber ido al armario a buscar una escopeta y haberle disparado mientras él estaba en la cama. Ella declaró que él se dio la vuelta en la cama y cayó en el piso y le preguntó, ¿por qué? Ella dijo que todo lo que le pudo decir fue: "Lo siento". Esta y muchas otras historias similares explican por qué las mujeres se rebelan, actúan y matan. Las mujeres pueden perder temporalmente la cordura cuando el nivel estrés es muy alto y como resultado no saben qué hacer. Nosotras tenemos refugios especialmente para mujeres cuando han sido atacadas sexualmente, abusadas, descuidadas o sin hogar. Las mujeres pueden ser la roca sólida para la familia, pero cuando llega la adversidad y no tienes fe en Dios, perderás. Las conversaciones entre esposos y esposas que son líderes en la iglesia a menudo se prueban con codicia y apropiación indebida de fondos. Mujeres si te encuentras en una posición de liderazgo y eres responsable de cualquier tipo de dinero de la iglesia, entonces será mejor que hagas lo correcto. *No te dejes atrapar por el desorden*, el caos, la confusión sobre las finanzas de la iglesia. Dios lo resolverá, solo asegúrate de no estar robando, pidiendo prestado o realizando transferencias de fondos ilegalmente. Esto saldrá a la luz porque Dios lo revelará. La última nueva ola de bienes raíces que está siendo *revelada* en los medios de comunicación son los centros cristianos vacacionales, que se están vendiendo, pero que de hecho nunca han existido. Las mujeres de la iglesia deben saber cuándo, para qué y en que, los fondos de la comunidad están siendo utilizados.

Notas de Estudio

Notas de Estudio

CAPÍTULO 4

Las Mujeres y la Palabra De Dios

Es sorprendente cuánto tiempo pasan las mujeres en la palabra de Dios. Como mujer, hay días que, si no he orado, cantado o leído las Escrituras, me siento vacía. En cierto modo, las mujeres difieren de los hombres en la forma en que oramos, estudiamos y nos relacionamos con las actividades de la iglesia. A través de este capítulo analizo las herramientas necesarias para que las mujeres estudien y tengan una mejor vida de oración. También, se diseñó un cuestionario para recibir aportes de otras mujeres en esta área. Las mujeres, descritas a lo largo de este capítulo, oraron y es revelado cómo sus oraciones fueron respondidas por Dios.

Dios Habla a las Mujeres

Cuando escuchas o lees acerca de **Sara**, la esposa de Abraham, ¿qué es lo primero que piensas? ¡Sí! "La anciana que tuvo un bebé a la edad de noventa años".

Al recopilar esta información, quería clasificar a Sara

como una de las chicas malas de la Biblia. La descripción de chica mala es porque ella podía ser caprichosa y hacer berrinches. Ella sabía cómo ser manipuladora. Ella podía ser impaciente, temperamental, confabuladora, malhumorada, cruel, frívola, picante, celosa, errática, irracional, quejumbrosa o regañona. De ninguna manera, ella fue siempre el modelo perfecto de la gracia y la mansedumbre.

Se describe a Sara como una mujer hermosa. Al leer, descubrí que, a la edad de sesenta y cinco años, Abraham estaba preocupado por otros hombres que miraban a su esposa porque su belleza estaba bien conservada. Su belleza fue admirada y codiciada por Abraham y por los egipcios. Abraham incluso intentó usar la belleza de Sara para salvar su propia vida. Ella no solo era una mujer hermosa a la cual mirar, sino que tenía belleza en su corazón y en su alma y tenía una posición de favor en la casa de Abraham. Al igual que muchas de las mujeres bíblicas, Sara no se sentía satisfecha porque tenía un vacío ya que ella era estéril. Como mujer, Sara buscó la oportunidad de cumplir la promesa hecha durante el matrimonio de tener hijos con Abraham. Así que dejó que su criada Agar durmiera con su marido.

Aunque ciertamente podemos simpatizar, incluso empatizar con la pobre Sara en su profundo sentimiento de fracaso como esposa, el principio fundamental es el mismo: ella tomó una decisión, y cuando esta mala decisión se volvió en su contra, ella culpó a Abraham, negándose a aceptar su responsabilidad. Esta situación de dormir con otra mujer no era solo responsabilidad de Sara porque Abraham participó. Después de que él durmiera con otra mujer, Sara comenzó a tratar a Agar tan mal aun cuando todavía no podía tener un hijo. Ella deseaba desesperadamente un hijo, pero su actitud y maltrato eventualmente enviaron a Agar lejos. Agar fue al desierto y tuvo una pequeña conversación con Dios. Dios le dijo a Agar que regresara-- ¡qué experiencia sucedida en el desierto! Cuando Agar regresó, las cosas cambiaron para Abraham y Sara, incluidos sus nombres. Sara cambió después de que Agar regresó. Cuando Sara tenía 90 años el Señor le dijo a Abraham que ella tendría un hijo. Ella se rio cuando escuchó esta noticia, pero a su debido tiempo el niño nació y se le llamó Isaac. La clave de esta información sobre Sara es que Dios habla a través de otras personas, a veces solo para llegar a nosotras. Necesitamos mantener siempre nuestros ojos y oídos listos para ver y escuchar una palabra hablada por Dios.

Tener tu Escudo y Armadura

Muy a menudo escucharás expresiones acerca de tener tu escudo y armadura, pero ¿qué significa esto realmente? Esto quiere decir estar protegido por el Espíritu Santo cuando el enemigo está en el camino de la guerra para atraparte. Nosotras como mujeres nos preocupamos tanto en las cosas del mundo que olvidamos que hay un poder superior que puede destruir cualquier mal que quiera destruirnos. El enemigo aparece cuando estás caminando más cerca de Dios. Entonces, ¿Mujeres cristianas, como podemos reconocer el mal para poder protegernos y, al mismo tiempo, crecer? "Porque muchos engañadores han salido por el mundo, que no confiesan que Jesucristo ha venido en carne. Quien esto hace es el engañador y el anticristo. Cualquiera que se extravía, y no persevera en la doctrina de Cristo, no tiene a Dios; el que persevera en la doctrina de Cristo, ése tiene al Padre y al Hijo. Si alguno viene a vosotros, y no trae esta doctrina, no lo recibáis en casa, ni le digas ¡Bienvenido! Porque el que dice: ¡Bienvenido! Participa en sus malas obras" (2 Juan 7, 9-11). Cuando soy atacada por el enemigo, yo sé que Dios me protegerá si se lo pido. Las mejores armas son la palabra de Dios, la oración, la alabanza y la adoración. La palabra de Dios dice: "Someteos pues, a Dios; resistid al diablo, y huirá de vosotros" (Santiago 4:7).

El diablo odia cuando adoramos al Señor y crea "La batalla". Yo he aprendido que la batalla no es mía sino del Señor. Pero hay diez cosas que puedes hacer cuando estás en la batalla.

Diez Cosas para Hacer Cuando Estás en Batalla

1. Interrumpe todo y adora a Dios.

2. Alábalo por haber derrotado a tu enemigo.

3. Agradécele por luchar la batalla por tí.

4. Pregúntale a Dios si hay algo que Él quiera que hagas y que no estés haciendo.

5. Ayuna y ora.

6. Declara tu dependencia de él.

7. Reconoce que la batalla no es tuya sino del Señor.

8. Posiciónate en el lugar correcto delante de Dios.

9. No tengas miedo.

10. Calla tu alma en la adoración y observa cómo Dios te salva.

Mientras escribía este libro, el enemigo me estaba empujando a renunciar, a parar y rendirme. Para evitar que escriba él está inventando excusas. Hay interferencias de algunas personas que necesitan ayuda-- la consejería se debe brindar a las personas afligidas y a los niños que hacen cosas poco éticas. Mientras estas fuerzas hablan, empiezo a gritar: "¡Señor, ayúdame!". Tengo miedo de no finalizar mi libro antes de la fecha límite, no tendré suficientes palabras para terminar el libro y todo mi trabajo será en vano. Mientras grito "¡Señor, ayúdame!" Recibo consuelo cuando el Señor me dice lee lo que acabas de escribir. El Señor nos instruye que nos vistamos con toda la armadura de Dios y que "habiendo acabado todo", nos mantengamos firmes (Efesios 6:13). Nos mantenemos fuertes contra las fuerzas y nos oponemos a ellas, cada vez que adoramos a Dios.

Señor, yo sé que la adoración es nuestra mejor arma de guerra. Cuando alabamos a Dios en medio del ataque del enemigo, su ataque se debilita y debe huir. Gracias Señor, en este momento siento algo de alivio. El adversario no quiere que te alabe o les cuente a otros por qué te alabo. En cuanto a tí, Señor, "escudo eres a todos los que en ti esperan" (Salmo 18:28-30). "Me libras del poderoso enemigo, pues es más fuerte que yo" (Salmo 18:17).

Devociones Diarias

Es fascinante leer los diversos libros acerca de los estudios devocionales que existen publicados para mujeres. Para revelar sus hábitos devocionales diarios, se realizó una encuesta a mujeres de distintas edades y razas. Al final de esta sección podrás encontrar el modelo de la carta para solicitar a las mujeres que participen en el estudio, así como también el cuestionario de la encuesta.

Existen varios libros devocionales que ofrecen cada día, una parte de las Escrituras seguida por una historia para resaltar y apoyar el texto bíblico. Un fragmento extraído de uno de estos libros pertenece a una de las mujeres quien explica la razón para usar libros devocionales, ella dijo: "Yo era una mujer con una necesidad desesperada de *Abundancia de lo Simple*". Mientras revisaba la información de la investigación, observé que la autora Sarah Breathnach, en su libro en inglés "Simple Abundance" cubre su testimonio. "Durante este tiempo de profunda introspección, seis principios prácticos, creativos y espirituales -gratitud, simplicidad, orden, armonía, belleza y alegría- se convirtieron en el catalizador que me ayudó a definir mi propia vida. Teniendo nuevamente mucha confianza, me propuse escribir un libro sobre cambios en el estilo de vida para mujeres que quieren, como yo, vivir sus propias creencias" Hay muchos libros que presentan una lista de respuestas por categoría para tus necesidades diarias, desde el *abandono* hasta la *solvencia,* y apoyan cada categoría con las Escrituras. Pero a veces es difícil encontrar respuestas justo cuando más las necesitamos.

El libro en inglés *Touch Points,* es una herramienta valiosa para descubrir lo que Dios dice sobre las necesidades particulares de las mujeres y sus circunstancias. En este libro, cada entrada contiene preguntas que invitan a la reflexión, respuestas de las Escrituras y una promesa de la palabra de Dios. Hay material devocional diario disponible mensual, bimensual e incluso semestralmente. El libro, *God's Word for Simple Abundance,* te guiará en el caminar con Dios ya sea que estés iniciando un estudio devocional o que ya tengas experiencia. En este libro encontrarás seis meses de devociones que valen la pena (180 en total), que te guiarán a través del antiguo libro bíblico de Proverbios, explicando su sabiduría y ofreciendo ideas para tu vida. *The Daily Bread y The Upper Room* son probablemente, los materiales más conocidos y usados en la devoción diaria. Muchas iglesias compran estos materiales para ser usados en sus congregaciones. Mientras investigaba, encontré un artículo sobre la celebración de los 70 años de la guía devocional The Upper Room, de marzo-abril de 2005. El artículo establece que hace más de 70 años, un grupo de mujeres de la Iglesia Metodista Travis Park en San Antonio, Texas, comenzó a buscar la manera de vivir las palabras de Jesús de acuerdo al Evangelio de Marcos. Estas mujeres creían que las familias y en general las personas necesitaban orientación para fomentar la práctica diaria de leer las Escrituras, orar y compartir el camino de la fe. Ellas vieron una necesidad, consideraron cómo hacer la diferencia y, posteriormente, sembraron una semilla de fe.

Como resultado de su carácter reflexivo, tenemos la guía de devoción diaria The Upper Room. Cuando puse atención a que recursos de estudios bíblicos individuales usaron fui sorprendida por un especialmente, Women of Color, el cual tiene la versión King James. En esta Biblia de estudio habian notas y características especialmente diseñadas para fortalecer el espíritu y alentar los corazones de las mujeres afrodescendientes. Cuando comencé a concentrarme en partes específicas de la devoción como lo es la oración había información que guiaba paso a paso a través de qué hacer y cómo hacer oración. *The Listening Heart* es un devocional diario para mujeres hecho por mujeres. Si la voz de Dios a veces parece silenciosa, callada por los asuntos de tu vida, toma unos pequeños momentos cada día para contemplar su amor que se demuestra en las vidas de otras mujeres como tú. Algunos escritos de mujeres provenientes de todo el mundo, cuentan cómo ellas están aprendiendo a escuchar la voz de Dios. Otro gran libro para devociones es *Quiet Time an Intervarsity Guidebook for Daily Devotions*, este libro explica todo acerca del momento de tranquilidad. Indudablemente, el secreto de la vida cristiana exitosa radica en esos momentos que son sagrados para el cristiano porque es el momento en que se comunica con su Señor.

Al ser una mujer de color, me sorprendió que en lo que concierne a la oración, hay un libro llamado *Breath Prayers for African Americans*, que tiene a una mujer negra en la portada. Las instrucciones sobre qué hacer después de leer el libro fueron alentadoras.

Las instrucciones son: Escoge una oración para decirla a lo largo del día. Repítela de manera que puedas decirla para ti misma en un solo aliento, inspira y exhala. Cada aliento es una oración. De esta manera orarás sin cesar, consciente de que Dios camina a través de cada experiencia contigo. La unidad con Dios nos enseña que nuestros pensamientos son oraciones y que estamos orando todo el tiempo. También esto quiere decir que alabas a Dios a pesar de que las cosas no van bien en este momento. Cuando oras, las palabras que repites se mantendrán iguales, pero en la forma en que se lo dices a Dios, cada aliento será único. De esta manera, mantendrás una conexión constante con Dios.

La devoción diaria es un deber en la vida de una mujer cristiana. Las mujeres de la Biblia tenían su manera y las mujeres del siglo veintiuno tenemos las nuestras. Diariamente, yo le agradezco a Dios por las herramientas devocionales para llegar a conocerlo mejor. Para las personas que usan computadoras o teléfonos inteligentes, existen herramientas en varios sitios de internet y algunas aplicaciones, para ayudarte con tu tiempo devocional.

Mes/Día/Año

Queridas Amigas,

Muchas gracias por aceptar participar completando el Cuestionario de las Mujeres de la Biblia que necesito para mi grupo de estudio y/o conferencia de mujeres.

Por favor, completa el cuestionario y envíamelo por correo antes del mes/día/año.

He adjuntado un sobre estampillado con mi dirección, para su conveniencia.

Agradezco de antemano la atención prestada.

Sinceramente,

Tu nombre

Nota: Estos documentos electrónicos, tanto la carta como el cuestionario están disponibles en www.sacpr.com

Apéndice A

Mujeres de la Biblia

Cuestionario

El propósito de este cuestionario es ayudarnos a comprender como tú y otras mujeres se sienten acerca de los devocionales diarios, de modo que podamos compartir y utilizar las herramientas disponibles para mejorar nuestras relaciones con Cristo y crecer espiritualmente.

Por favor, responde cada pregunta de la forma más completa y sincera posible. Este cuestionario solo será usado como material de investigación para tu Estudio Bíblico, y tus respuestas personales se mantendrán en estricta confidencialidad, nadie será identificado individualmente en nuestro informe. Así que, por favor, siéntase libre de decirnos cualquier cosa que creas que nosotros necesitamos saber que pueda ayudar a otros.

Por favor, Coloca una marca de verificación (√) al lado de tu respuesta.

1. ¿Eres?

_____ Asiática Americana

_____ Indo americana

_____ Afroamericana / Negra

_____ Hispánica/Latina

_____ Blanca/Caucásica

_____ Otra (Por favor especifique)

2. ¿Tienes una relación personal con Jesucristo?

_____ Sí

_____ No

_____ Algo

_____ No se

3. ¿Tienes devocionales diarios?

_____ Sí

_____ No

_____ Algo

_____ No se

4. ¿Hace cuánto tiempo has estado teniendo devocionales diarios?

_____ 1 año o menos.

_____ más de un año, pero menos de 3 años.

_____ 3 a 5 años.

_____ No tengo devocionales diarios.

5. ¿Entiendes lo que es un devocional diario?

_____ Sí

_____ No

_____ Algo

_____ No se

6. ¿Usas una Biblia de estudio para tu devocional diario?

_____ Sí

_____ No

_____ Algo

_____ No se

7. ¿Tu Biblia tiene retratos, explicaciones o lecciones para la vida?

_____ Sí

_____ No

_____ Algo

_____ No se

8. ¿Lees algún material de devocional diario (Como Daily Bread, Upper Room, Today God is First o Meditating Moments)?

_____ Sí

_____ No

_____ Algo

_____ No se

9. En una escala de 1 a 10 donde 1 representa "mayormente no cumplido", por favor, califique el grado en que sus expectativas se han cumplido a través de tus devociones diarias.

(Marque con un círculo la calificación más adecuada)

Mayormente No Cumplido   Mayormente Cumplido

1   2   3   4   5   6   7   8   9   10

10. ¿Recomendarías a otros el devocional diario?

_____ Sí

_____ No

_____ Algo

_____ No se

MUCHAS GRACIAS POR SU AYUDA

Si tienes comentarios adicionales, por favor usa el espacio que está a continuación para proporcionarlos.

_____

_____

_____

_____

_____

_____

_____

NOTAS DE ESTUDIO

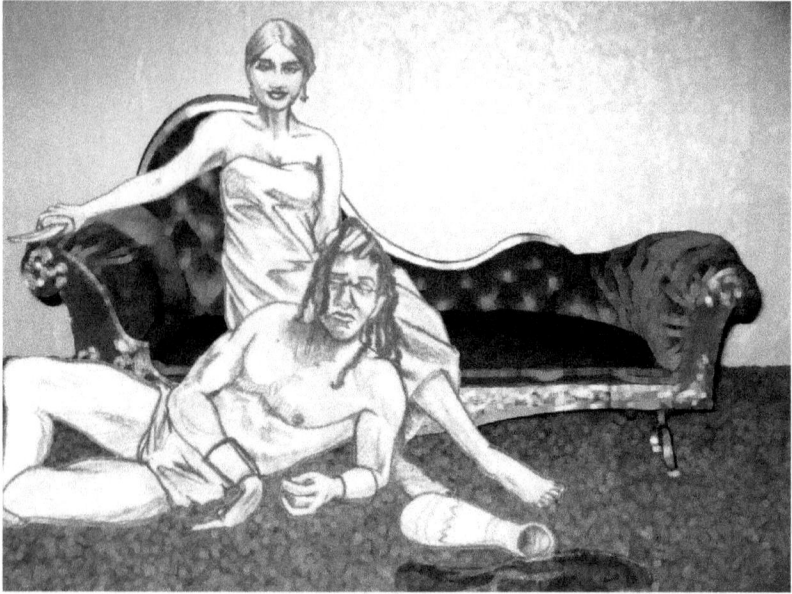

CAPÍTULO 5

Resumen

¡Gracias! ¡Gracias! ¡Gracias! Por la oportunidad de investigar y descubrir cómo varias mujeres de la Biblia son los ejemplos para las mujeres de hoy. Mis ojos se han abierto a las diferentes personalidades y como poder lidiar con lo bueno, lo malo y lo feo de las mujeres. Me sorprendió el lado íntimo de Jesús y cómo Él se encontró con las mujeres, esto me hace sentir una mujer valiosa. Aprendí como entender y compartir las Escrituras, las cuales muestran cómo son realmente especiales las mujeres. Como mujer trabajadora, la revisión de esta tesis convertida en libro me permitió ver cómo las profesiones siguen siendo las mismas a lo largo del tiempo, pero los deberes y responsabilidades de las mujeres han cambiado. Cuando hago mi devocional diario ahora tengo una perspectiva diferente.

Son numerosas las herramientas que están disponibles para ayudar con el aprendizaje y el crecimiento en la palabra de Dios. Existen muchos materiales económicos y "gratuitos" disponibles para ayudar a cualquiera que desee tener una relación más cercana con el Padre celestial, luego, no hay ninguna excusa para que una mujer se sienta desaventajada.

Un análisis del Capítulo 2 y un resumen de la Relación de Jesús con las Mujeres incluyó a algunas de ellas cuyos primeros nombres eran María, incluidas las de la familia, amigas e incluso en la categoría de enemigas. En esta sección, quise compartir como Jesús se relacionó con diferentes mujeres cuyos nombres no aparecen en las Escrituras, pero Él tuvo encuentros con ellas.

Cuando pienso en las profesiones de las mujeres en aquel tiempo y ahora, me sorprende cómo hemos vuelto al inicio. Se ha dicho anteriormente que los títulos de las profesiones pueden haber cambiado, así como las responsabilidades de las ocupaciones tanto en aquel tiempo como ahora. Resumiendo, es importante recordar que puedes trabajar tanto en el hogar como fuera de él y recibir plena satisfacción por usar tu don, talento o propósito. Las mujeres trabajadoras, ya sean emprendedoras o empresarias, siempre han tenido que encontrar la manera de hacer alcanzar el salario para llegar al final del mes.

Para ayudar a obtener información sobre las mujeres

y la palabra de Dios, se diseñó un cuestionario. Esta información confirmó que, con las herramientas correctas, las mujeres leerán la Biblia y tendrán devocionales diarios. A continuación, en el Apéndice B, se encuentra la síntesis de los resultados del cuestionario. Una muestra de 20 cuestionarios fue enviada a diferentes mujeres, de los cuales solo 14 regresaron diligenciados. El análisis por porcentaje de mujeres que completaron el cuestionario, y sus comentarios se encuentran relacionados junto con la respuesta a cada pregunta.

Apéndice B

Mujeres de la Biblia

Cuestionario

El propósito de este cuestionario es ayudarnos a comprender como tú y otras mujeres se sienten acerca de los devocionales diarios, de modo que podamos compartir y utilizar las herramientas disponibles para mejorar nuestra relación con Cristo y crecer espiritualmente.

Por favor, responde cada pregunta de la forma más completa y sincera posible. Este cuestionario solo será usado como material de investigación para tu Estudio Bíblico, y tus respuestas personales se mantendrán en estricta confidencialidad, nadie será identificado individualmente en nuestro informe. Así que, por favor, siéntase libre de decirnos cualquier cosa que creas que nosotros necesitamos saber que pueda ayudar a otros.

Por favor, Coloca una marca de verificación (√) al lado de tu respuesta.

1. ¿ Eres?

_____ Asiática Americana

_____ Indo americana

___11___ Afroamericana / Negra   79%

_____ Hispánica/Latina

___3___ Blanca/Caucásica   21%

_____ Otra (Por favor especifique _____)

Cuando indagué acerca de quién no devolvió el cuestionario, encontré que fueron tres mujeres afroamericanas y fue interesante que dos de ellas eran menores de treinta años y la otra dijo que realmente no pensaba completar el cuestionario.

2. ¿Tienes una relación personal con Jesucristo?

___13__ Sí   93%
_____ No

___7__ Algo   7%

_____ No se

Esta pregunta desconcertó a algunas de las participantes porque la expresión "relación personal" no significa lo mismo para las mujeres de color que son mayores.

Muchas de las mujeres ancianas me dijeron "He conocido a Dios desde hace mucho tiempo" ahora, la comunidad cristiana sabe que la pregunta tiene un significado diferente a lo que ella estaba diciendo. Por lo tanto, considero esto como una barrera generacional y cultural que se presentó en el momento de responder a la pregunta.

3.   ¿Tienes devocionales diarios?

    __7__ Sí   50%
    __2__ No   14%
    __5__ Algo   36%
    _____ No se

Hubo comentarios de las participantes de que su oración durante la noche o dar gracias durante las comidas era suficiente para las devociones diarias. Ellas hicieron más el miércoles debido al Estudio de la Biblia.

4.   ¿Hace cuánto tiempo has estado teniendo devocionales diarios?

    1   1 año o menos.   7%

          más de un año, pero menos de 3 años.

   11   3 a 5 años.   79%

    2   No tengo devocionales diarios. 14%

Una de las mujeres escribió un comentario que decía: "He conocido al Señor por más tiempo del que tú has nacido". Este comentario refleja que era una mujer mayor, que no quería que yo pensara que era una nueva cristiana y que quería saber, ¿Por qué debería hacer una pregunta absurda como esa? Esto también me mostró que la cristiana con más experiencia tiene un problema con la longevidad de ser una cristiana y lo que se debería haber esperado de alguien que no está tomando leche (una bebé cristiana) versus una cristiana que está recibiendo alimento sólido (una cristiana madura).

5.   ¿Entiendes lo que es un devocional diario?

__14__ Sí   100%

_____ No

_____ Algo

_____ No se

La respuesta al sí en un 100%, me hizo preguntarme si realmente sabían lo que les estaba preguntando. Quería saber: ¿Durante tu devocional, tienes alguna canción, escritura, oración o lectura diaria? No lo explique en detalle, pero todas respondieron, sí. Entonces, quién soy yo para juzgar si dicen que lo hacen o no.

6.   ¿Usas una Biblia de estudio para tu devocional diario?

__5__ Sí   36%

__6__ No   43%

__2__ Algo   14%

__1__ No sé   7%

Como regalo de cumpleaños, les había dado a doce de las personas que respondieron el cuestionario, la Biblia de Estudio "The Women of Color", y les había pedido que la usaran para su tiempo devocional; así que fue interesante ver el porcentaje que respondió no. Cuando compartía los resultados con una de las participantes, ella me dijo que "el libro era demasiado bonito y no quería rayarlo ni tomar notas". Ella afirmó que el color de la Biblia y la atención que recibe cuando la usa en público son las razones para no usarla. ¡No! Esto no es lo que quería que sucediera con la *Biblia de estudio The Women of Color*, yo se las regalé para ayudarlas a identificarse con el contenido que es para mujeres afroamericanas.

7.   ¿Tu Biblia tiene algún (retratos, explicaciones o lecciones para la vida)?

__8__	Sí	57%
__6__	No	43%
_____	Algo	
_____	No se	

En la actualidad, muchas de las Biblias de estudio tienen, a lo largo de las márgenes, notas y mensajes interesantes para animar al lector o apoyar el mensaje. Como sé que 12 de las personas tenían Biblias de estudio, fue alentador saber que, tal vez 11 de ellas la estaban usando correctamente.

8. ¿Lees algún material de devocional diario (Como Daily Bread, Upper Room, Today God is First o Meditating Moments)?

__11__	Sí*	79%
__2__	No	14%
__1__	Algo	7%
_____	No se	

*Esta respuesta fue alentadora, ya que muchos materiales son gratuitos en las iglesias, consultorios médicos, hospitales y cualquier lugar que tenga material de lectura. Para las conocedoras de la informática o las personas alfabetizadas, hay muchas versiones electrónicas diarias, como Today God is First (TGIF), y Meditating Moments. Estos recursos están en tu pantalla todas las mañanas para ayudar a que tu día de trabajo comience bien.

9. En una escala de 1 a 10 donde 1 representa "mayormente no cumplido", por favor, califique el grado en que sus expectativas se han cumplido a través de tus devocionales diarios.

(Marque con un círculo la calificación más adecuada)

Mayormente No Cumplido						Mayormente Cumplido			
1	2	3	4	5	6	7	8	9	10
		1	1	1			3	4	4

A lo que me refiero con esta pregunta es a tu *diario caminar con Dios*. Sé que todos debemos seguir creciendo en la palabra de Dios y nunca será suficiente. Entonces, sus respuestas me hicieron saber que muchas dirían que las calificaciones entre 3 y 5 es suficiente para sobrevivir y satisfacer las expectativas y que las calificaciones de 8 a 10 creen que estuvieran en la cima de la devoción. Lo que muchas mujeres no recuerdan es que siempre hay crecimiento en la palabra.

10. ¿Recomendarías a otros los devocionales diarios?

__13__	Sí	93%
__1__	No	7%
_____	Algo	
_____	No se	

Las respuestas a esta pregunta fueron sencillas. Sin preguntarlo directamente, simplemente estaba preguntando si serían testigos. Lo pregunté porque si una mujer comparte un mensaje de su devocional diario, entonces ella está siendo testigo. Hubo una persona que respondió **no** y esto puede atribuirse a la edad. Ellas pudieron haber sido mayores o jóvenes que simplemente no entendieron la pregunta (ver comentarios).

Si tienes comentarios adicionales, por favor usa el espacio a continuación para proporcionarlos.

- Cada día le doy gracias a nuestro Señor; también Medito y estudio la palabra de Dios.

- Mi devocional diario necesita mejorar, pero me enfoco en Cristo diariamente. A través del poder del Espíritu Santo, tengo un anhelo de aprender más acerca de Jesús y ser más como Él. Puedo testificar acerca de Él. Por el poder del Espíritu Santo me estoy fortaleciendo en el Señor.

- Lo que quiero hacer es tener una mejor relación con el Señor. Esta encuesta me abrió los ojos sobre tener devocionales regularmente.

- Después de mi oración matutina, leer la palabra de Dios y mi devocional diario para las mujeres, me ayuda a comenzar mi día.

- Personalmente no leo diariamente, pero cuando lo hacía era solo una lección de la Escuela Dominical o los libros de Joyce Meyers o algo por el estilo. Sé en mi corazón que necesito volver a tener este tiempo devocional, pero solo encuentro motivos para no hacerlo. Sé que ese es el diablo. ¡Bendito sea Dios! Gracias por hacerme comprender que el diablo puede tener control sobre mí.

- Siempre reconoce a Dios con tus palabras y obras. ¡Dios nos bendiga!

Comentarios: Muchas de las mujeres no escribieron comentarios en la parte posterior porque no siguieron leyendo el formulario completamente, encontré que esto fue lo que sucedió en varios de los cuestionarios de las mujeres afroamericanas. Cuando dialogué con muchas de ellas a cerca de los comentarios en el cuestionario, ellas me informaron que no sabían que había algo en la parte de atrás de la hoja y simplemente completaron los espacios que vieron y lo enviaron por correo. Como investigadora / autora, definitivamente veo un defecto en el cuestionario al no poner en la parte inferior de la página, *por favor continúe en la siguiente página*.

El objetivo principal del cuestionario fue mostrar cómo las mujeres usan las herramientas devocionales como apoyo para sus devocionales diarios. Algo tan sencillo como pasar a buscar dos libros como Daily Bread o Upper Room, y así tener un libro para ti y darle el otro a una amiga. Comienza a compartir que luego viene el testimonio y la alabanza. Las mujeres tenemos que alentarnos y apoyarnos mutuamente, no solo con tiempo y sino también para escuchar cuando alguien lo necesita. A partir de las respuestas encontradas en esta investigación, me di cuenta, que los CDs o las cintas de audio son excelentes para las personas mayores que tienen dificultades para leer. Para aquellos con problemas de audición, puedo donar audífonos para que así puedan escuchar los mensajes. Estos audios proporcionan el mensaje de un pastor para tener algo en que meditar durante la semana. Voy a expandir este ministerio para alcanzar a los enfermos y a quienes están confinados en algún lugar debido a su enfermedad.

Las mujeres crecerán en la palabra de Dios usando las herramientas devocionales provistas para apoyar este crecimiento. Simplemente, deben saber *cual* herramienta usar y no usar algo demasiado avanzado para un bebé que intenta ser un adulto en la palabra de Dios.

Pues bien, estando al final para resumir, me detuve, grité y vociferé porque estaba escribiendo a mano todo esto. Luego planee digitar este libro en la computadora. Mientras tecleaba, tenía que leer la información que escribí, y esto me causó una tremenda satisfacción.

Cuando recuerdo las últimas semanas leyendo las memorias de la investigación e intentando encontrar el material adecuado, fue difícil dejarlo como estaba porque crecí mucho, y ya no hablo como solía hacerlo y ahora sé mi propósito. La verdadera información para completar este documento convertido en libro proviene de las personas con las que interactúe y de los incidentes que enfrenté y como respondí en los últimos días. Cada una de estas actividades se refleja directamente en varias de las historias.

A continuación, se enumeran algunos de esos incidentes y, si te das cuenta, me refiero a ellos como incidentes, no como accidentes, porque Dios no hace que las cosas sucedan por accidente. Él tiene un propósito para todo lo que hace. La presión de completar mi libro estaba sobre mí, pero la promesa hecha a una joven de llevarla a visitar una universidad me haría perder dos días de edición. Sin embargo, lo hice y esto creó un buen recuerdo en la vida de una joven (Herodias).

La disposición para consolar a una vecina anciana por la pérdida de un hermano, pasar tiempo con ella asegurándole que Dios la ama y que necesita mantener la fe, sucedió cuando faltaban dos días para la fecha límite para terminar mi libro. La ayude a planear el funeral y hacer que se ocupara de los arreglos de transporte y hotel para viajar fuera de la ciudad.

La alenté una y otra vez diciéndole que Dios no la había abandonado, y que ella tenía un hijo y unos hermanos que la necesitaban. (Mujer afligida). Mientras trabaja en mi casa, un trabajador piadoso me confiesa que había perdido a su esposa y que se ha sentido solo. Yo estaba dispuesta para escucharlo y compartir con él acerca de las mujeres con las que se puede encontrar. (Gomer).

Durante estas últimas semanas comencé a sentirme enferma, agotada y me diagnosticaron una condición médica que requería medicación por 90 días para ver si podía controlarse.

Me identifiqué inmediatamente con la (mujer sufriente). Además, durante este tiempo, yo estaba tratando de completar la remodelación de mi casa y le pedí al Señor que pusiera su mano sobre mi casa para mantener alejados a los malos trabajadores mientras yo analizaba las ofertas del costo del trabajo. Él envió a una mujer cristiana, la única mujer propietaria de un negocio en su profesión, ella me hizo una oferta que correspondía a la mitad o menos de lo que otros me cotizaron por el trabajo. Cada persona que ella ha subcontratado para hacer el trabajo también ha sido cristiana. (Mujer virtuosa).

A una semana de completar este libro *yo viví todo esto*. Llegué al punto en que tuve que ponerme de pie y gritar: "¡Señor, ordena mis pasos!". No sé lo que el Señor me tenga preparado, pero sé que será una bendición. Me dejé ir y permití que Dios escribiera este documento convertido en libro.

Yo espero que muchos acepten que Dios me dio lo que Él quería que yo compartiera para que otros lo supieran. Ha sido emocionante y divertido hacer algo que ayudará a otros a crecer espiritualmente. Tomé la información y la reestructuré agregando imágenes para registrar la vida de mujeres que reflejan lo bueno, lo malo y lo feo en aquel tiempo y ahora. Por favor, espero que el lanzamiento de este libro lleve tu devoción a otro nivel. Esta información es un material de lectura de carácter "real" y no "ficticio". ¡Amén!

Notas

Capítulo 1

1. Mize, Mary E. Profiles of Biblical Women. (Cadiz: Barkely, 1984.) 57.
2. MacArthur, John. Twelve Extraordinary Women. (Nashville: Nelson, 2005.) 69.
3. Rut 1:16
4. Mize 65.
5. McArthur 88.
6. Mize 67.
7. Richards, L[arry] S[ue]. Every Woman In The Bible. (Nashville: Nelson, 2005) 109.
8. Richards 150.
9. Ieron, Julie A. Names of Women of the Bible. (Chicago: Moody, 1982) 33.
10. Mize 106.
11. Richards 251.
12. Lawson, Marjorie. Women of Color Study Bible. (Iowa Falls:World,1999) 22.
13. Génesis 29:19
14. Mize 31.
15. Romanos 3:23
16. Génesis 3:3
17. Lawson 22.
18. Lawson 807.
19. Mize 11.
20. Richards 13.
21. Higgs, Liz C. Bad Girls of the Bible. (Colorado Springs: Waterbrook, 2000) 37.
22. Higgs 50.
23. Richards 103.
24. Gruen, Dietrich. Who's Who in the Bible. (Lincolnwood: Publications, 1995) 71.
25. I Reyes 21:23
26. 2 Samuel 11:26-27
27. Lawson 250.
28. Jueces 4:9

29. Higgs 52.

30. Essex, Barbara J. <u>Bad Girls of the Bible</u>. Cleveland: Pilgrim, 1999.

31. Essex 22.

32. Génesis 27: 43-75

33. Essex 27.

34. Marcos 1:4

35. Marcos 6:22-23

36. Ieron 192.

37. Gruen 291.

38. Josue 2:2-3

39. Richards 166.

40. Génesis 38:26.

41. Richards 57.

42. Génesis 19:12

43. Higgs 72.

44. Job 2:7

45. Richards 151.

46. Essex 74.

47. Job 2:9-10

Capítulo 2

1. Lucas 1:28
2. Lucas 2:49
3. Ashker, Helene. <u>Jesus Cares for Women</u>. (Colorado Springs: NAV Press, 1987) 46.
4. Lucas 7:14
5. Ashker 49-50.
6. Lawson 714.
7. Higgs 243.
8. Lawson 735.
9. Essex 93.
10. Juan 8:4-5.
11. Lawson 764.
12. Mateo 9:21
13. Juan 8:7
14. Juan 8: 9-11.
15. Essex 95.
16. Mateo 15:24
17. Lawson 696.
18. Richards 191.

Capítulo 3

1. Richards 166.
2. Lucas 21:3
3. Lucas 10:42
4. McArthur 146.
5. Juan 4:11-12.
6. Juan 4:14
7. Lawson 759.
8. Juan 4:17
9. Higgs 95.
10. Juan 4:18
11. Juan 4:25-26.
12. MacArthur 49.
13. MacArthur 151.
14. Higgs 99.
15. Mateo 26:7
16. Higgs 223.
17. Mateo 26:9
18. Lucas 7:44-46.
19. Lawson 705.
20. Higgs 233.
21. Deuteronomio 15:4-5.
22. Essex 99.
23. Higgs 137.
24. Hechos de los Apóstoles 5:3
25. Lawson 781.
26. Hechos de los Apóstoles 5:7:9
27. Hechos de los Apóstoles 5:10
28. Essex 101.

Capítulo 4

1. MacArthur 27.
2. Mize 17.
3. Gruen 267.
4. 2 Juan 7, 9-11
5. Santiago 4:7

6. Efesios 6:13
7. Salmos 18:28-30
8. Salmos 18:17
9. Marshall, Catherine. God's Promises for Women. (Nashville: Countryman, 1999) 145.
10. Omartian,Stormie. The Prayer That Changes Everything. (Eugene: Harvest, 2004) 288.
11. Omartian 290.
12. Omartian 293.
13. Breathnach, Sarah B. Simple Abundance A Daybook of Comfort and Joy. (New York: Warner 1995) 2.
14. Harrison, Shawn. Touch Points for Women. (Wheaton: Tyndale, 1998) 326.
15. Dick, D[an] N[ancy]. God's Word for Simple Abundance. (Urhichsville: Barbour, 2000) 6.
16. Bryant, Stephen D. The Upper Room Daily Devotional Guide. (Nashville: Canada Post, 2005) 40.
17. Lawson 5.
18. Otis, Rose. The Listening Heart. (Hagerstown: Review, 1993) 427.
19. Houghton, Frank. Quiet Time an Inter-varsity Guidebook for Daily Devotions. (Madison: Inter-Varsity, 1975) 1.
20. Jordan, Edna G. Breath Prayers for African Americans. (Colorado Springs: Honor Books, 2004) 7.

Recursos

Ashker, Helene. Jesus Cares for Women. Colorado Springs: NAV Pres, 1987.

Breathnach, Sarah B. Simple Abundance A Daybook of Comfort and Joy. New York: Warner, 1995.

Bryant, Stephen D. The Upper Room Daily Devotional Guide. Nashville: Canada Post, 2005.

Christenson, Evelyn. What Happens When Women Pray. Wheaton: Tyndale, 1971..

Dick, D[an] N[ancy]. God's Word for Simple Abundance. uhrichsville: Barbour, 2000.

Essex, Barbara J. Bad Girls of the Bible. Cleveland: Pilgrim, 1999.

Felder, Cain H. The Original African Heritage Study Bible. Nashville: Winston,1993.

Gruen, Dietrich. Who's Who in the Bible. Lincolnwood: Publications, 1995.

Harrison, Shawn. Touch Points for Women. Wheaton: Tyndale, 1998.

Higgs, Liz C Bad Girls of the Bible. Colorado Springs: Waterbrook, 1999. ---,ed. Really Bad Grls of the Bible. Colorado Springs: Waterbrook, 2000.

Houghton, Frank. Quiet Time An Intervarsity Guidebook for Daily Devotions. Madison: Intervarsity, 1975.

Ieron, Julie A. Names of Women of The Bible. chicago: Moody, 1982.

Jordan, Edna G. Breath Prayers for African Americans. Colorado Springs: Honor Books, 2004.

Lawson, Marjorie. Women of Color Study Bible. Iowa Falls: World, 1999.

Lockyer, Herbert. Nelson's Illustrated Bible Dictionary. Nashville: Nelson, 1986.

Lucao, Max. The Inspirational Study Bible. Minneapolis: Word, 1995.

MacArthur, John. Twelve Extraordinary Women. Nashville: Nelson 2005.

Marshall, Catherine. God's Promises for Women: Nashville: Countryman, 1999.

Mize, Mary E. Profiles of Biblical Women. Cadiz: Barkley, 1984.

Omartian, Stormie. The Prayer that Changes Everything. Eugene: Harvest, 2004.

Otis, Rose. The Listening Heart. Hagerstown: Review 1993.

Price, Eugenia. God Speaks to Women Now. Grand Rapids: Zondervan, 1964.

Richards, L[arry] S[ue]. Every Woman in The Bible. Nashville: Nelson, 1999.

Mujeres De La Biblia

lo bueno, lo malo, & lo feo...

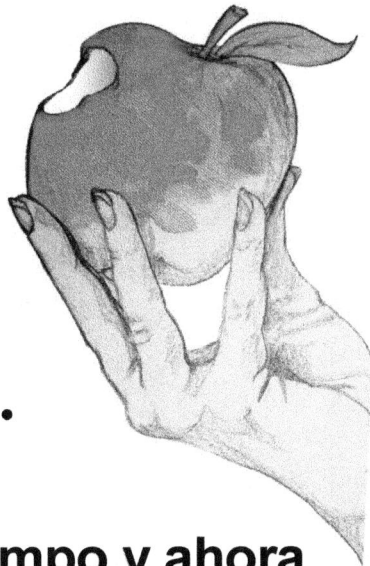

en aquel tiempo y ahora

Escrito por Dr. Sharon A. Cannon

Para estar en contacto con Dr. Sharon A. Cannon

www.sacpr.com

www.ingramcontent.com/pod-product-compliance
Lightning Source LLC
LaVergne TN
LVHW021345080426
835508LV00020B/2112